中职生就业指导

(汽车服务类专业)

陈高路 杨 扬 陈楚文 ◎ 主编

人民交通出版社股份有限公司
北 京

内 容 提 要

本书内容分为行业与专业认知、求职技能和融入与发展三篇。其中，上篇包括行业认知、专业认知，中篇包括职业规划、目标企业的确定、面试技能的掌握、企业的最终选定，下篇包括企业的融入、岗位实习的坚持与发展、毕业后发展方向的确定。

本书可作为中等职业院校汽车服务类专业的公共课教材。

图书在版编目（CIP）数据

中职生就业指导：汽车服务类专业/陈高路，杨扬，陈楚文主编.—北京：人民交通出版社股份有限公司，2022.6

ISBN 978-7-114-17949-5

Ⅰ.①中⋯ Ⅱ.①陈⋯ ②杨⋯ ③陈⋯ Ⅲ.①汽车工业—商业服务—职业选择—中等专业学校—教材 Ⅳ.①F407.471.5

中国版本图书馆 CIP 数据核字（2022）第 079466 号

Zhongzhisheng Jiuye Zhidao（Qiche Fuwulei Zhuanye）

书　　　名：	中职生就业指导（汽车服务类专业）
著 作 者：	陈高路　杨　扬　陈楚文
责任编辑：	李　良
责任校对：	孙国靖　魏佳宁
责任印制：	刘高彤
出版发行：	人民交通出版社股份有限公司
地　　　址：	（100011）北京市朝阳区安定门外外馆斜街 3 号
网　　　址：	http://www.ccpcl.com.cn
销售电话：	（010）59757973
总 经 销：	人民交通出版社股份有限公司发行部
经　　　销：	各地新华书店
印　　　刷：	北京市密东印刷有限公司
开　　　本：	787×1092　1/16
印　　　张：	9.75
字　　　数：	160 千
版　　　次：	2022 年 6 月　第 1 版
印　　　次：	2022 年 6 月　第 1 次印刷
书　　　号：	ISBN 978-7-114-17949-5
定　　　价：	55.00 元

（有印刷、装订质量问题的图书由本公司负责调换）

前言

随着汽车向电动化、智能化、网联化、共享化方向发展，汽车服务行业也面临新的挑战，规范化、标准化已经成为行业转型升级、服务质量提升、技术革新的基石，对维修技术人员也提出了更高的要求。为了更好地启发、引导中等职业学校汽车服务类专业学生树立起正确的就业观，具备良好的就业能力，满足行业企业用人需求的新变化，我们编写了这本《中职生就业指导（汽车服务类专业）》教材。

本书依据实践导向的课程开发模式，以学生最终在高质量汽车服务企业就业并顺利发展为目标，总结多年该专业学生就业指导的工作经验，以及调研行业企业发展带来就业需求的新变化，采用流程式的方式，按照任务的前后逻辑关系设计和编写的。

本教材分为行业与专业认知、求职技能和融入与发展三篇。其中，上篇主要包括行业认知和专业认知，适用于刚接触专业的新生学习，让他们更为深刻地认识和了解所学专业以及未来就业行业的情况，提高他们的专业兴趣和职业认同感。中篇主要包括职业规划、目标企业的确定、面试技能的掌握和企业的最终选定，适用于准备就业的学生学习，让他们树立起正确的就业观和择业观，并明确就业目标，掌握面试技能。下篇主要包括企业的融入、岗位实习的坚持与发展和毕业后发展方向的确定，适用于已经在企业实习的学生学习，让他们在高质量就业的同时，还能顺利发展。

本教材图文并茂，文字通俗易懂，案例导学辅以引导问题，同时通过二维码配备微课视频，符合中职学生的学习习惯。

本书由陈高路、杨扬、陈楚文担任主编。编写过程中得到了广州永佳丰田汽车销售服务有限公司林烨臻的支持。

由于本教材的编写工作是在不断地实践和理论学习过程中进行，书中难免有错误和不妥之处，恳请广大读者批评指正。

作　者

2022 年 3 月

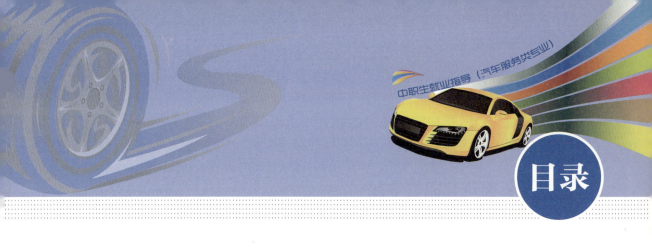

目录

上篇　行业与专业认知

项目一　行业认知 …… 002

- 任务一　认识我国汽车服务行业的发展过程 …… 003
- 任务二　了解汽车服务行业的现状和发展趋势 …… 006
- 任务三　了解各种经营模式企业的运营特点 …… 008
- 任务四　认识汽车服务岗位 …… 019

项目二　专业认知 …… 033

- 任务一　认识汽车运用与维修专业 …… 034
- 任务二　认识新能源汽车运用与维修专业 …… 037
- 任务三　认识汽车服务与营销专业 …… 039
- 任务四　认识汽车车身修复专业 …… 042

中篇　求职技能

项目三　职业规划 …… 048

- 任务一　认知自我 …… 049
- 任务二　了解职业成长过程 …… 051
- 任务三　职业目标的设计与实现 …… 056
- 任务四　职业目标实现的措施 …… 058
- 任务五　职业目标的评估与调整 …… 060

项目四　目标企业的确定 …… 066

- 任务一　企业的认知 …… 067

　　任务二　理解参加实习的目的和"个人取向" …………………………… 071
　　任务三　确定目标企业 …………………………………………………… 074

项目五　面试技能的掌握 …………………………………………………… 078
　　任务一　了解面试的意义和主要形式 …………………………………… 079
　　任务二　掌握面试基本技能 ……………………………………………… 084
　　任务三　制作求职简历 …………………………………………………… 092

项目六　企业的最终选定 …………………………………………………… 098
　　任务一　分析比较目标企业的利弊 ……………………………………… 099
　　任务二　多种机会的选择 ………………………………………………… 102

下篇　融入与发展

项目七　企业的融入 ………………………………………………………… 109
　　任务一　了解实习初期常见问题 ………………………………………… 110
　　任务二　快速融入集体 …………………………………………………… 115

项目八　岗位实习的坚持与发展 …………………………………………… 122
　　任务一　实习期离职原因分析 …………………………………………… 124
　　任务二　实现实习期的持续发展 ………………………………………… 128

项目九　毕业后发展方向的确定 …………………………………………… 135
　　任务一　个人职业生涯发展影响因素的分析 …………………………… 136
　　任务二　树立正确的职业观 ……………………………………………… 140
　　任务三　确定职业生涯发展方向 ………………………………………… 143

参考文献 ……………………………………………………………………… 150

上篇 行业与专业认知

学习汽车服务类专业的学生,要先充分了解汽车服务行业的概况,知道行业内不同类型企业的特点,明确工作岗位的业务范围和从业能力需求,才能开启职业成长之路。同时,还应了解汽车服务类专业的主要课程和所学的知识与技能,为职业发展奠定基础。

本篇主要学习汽车服务行业认知和专业认知。

建议学时:10学时。

项目一 行业认知

我国汽车服务业经过长期发展，已从传统的作坊式经营，发展到今天的多种经营管理模式共存的现代化服务行业，出现了很多适应时代发展的典型特征，这便要求我们在从事本行业前，应该了解汽车服务业的发展历程。

学习目标：

（1）了解我国汽车服务行业的发展历程及发展趋势；
（2）了解各种经营模式企业的运营特点；
（3）能写出汽车服务行业对口的工作岗位；
（4）了解各工作岗位应具备的能力要求。

学习课时： 6学时。

案例情景

李同学因初中成绩不理想，最后选择就读了职业学校的汽修专业。

还未来到新学校之前，他很是苦恼。因为他听说汽修专业，以后就是修车的，一辈子干脏、苦、待遇差的工作，没有出路。他甚至因此萌生了想要退学的想法。

李同学的苦恼，你是否能帮他解开？

如果你是李同学，你认为他的想法可取吗？为什么？

案例导学

 听说学习汽修专业，以后就是跟汽车维修打交道，毕业后就是做修车的工作，是吗？

 学习汽车相关专业，就是和汽车打交道，但未来可以从事与汽车相关的工作可多了。

我听说学习过程就是整天拆拆装装,以后卖车、修车、洗车,不就是这些工作嘛。而且修车的工作都是脏、苦的活,薪水又很低,有出路吗?

我们从事一个行业,首先要对它有足够的了解和认知。汽车行业涉及方方面面,已经是国家的支柱产业之一,现在和未来都有大量的工作需求。关键看你有没有能力做好它。

我现在还是学生,就得了解汽车服务行业吗?

是的,只有了解行业,你才能知道行业的整体情况和发展方向,才知道具体的工作和发展前景,然后给自己树立一个目标,在校期间就可以好好地向着目标努力了。

> 💡 **想一想**
> 你知道哪些领域是与汽车行业相关的呢?

这么说来,汽车行业涉及的领域还是非常广的,我很想了解一下。

跟着老师,一起开启学习吧。对于汽车服务业,我们需要学习以下内容。

(1)认识我国汽车服务行业的发展过程;
(2)了解汽车服务行业的现状和发展趋势;
(3)了解各种经营模式企业的运营特点;
(4)认识汽车服务岗位及能力要求。

任务一 认识我国汽车服务行业的发展过程

一 初级发展阶段(1979年—1985年)

(1)管理方式:传统国企管理模式,行业缺乏统一的管理规范和标准。
(2)技术水平:没有现代化的专业工具、设备和软件,技术水平较低。

（3）人员情况：从业人员没有准入制度，缺乏培训。

（4）经营模式：基本以国企性质的综合维修厂为主，品牌维修中心数量极少，如图1-1-1所示。

（5）行业处在较低水平的运营阶段。

二　改革快速发展阶段（1986年—2005年）

（1）管理方式：开始接受国外先进的4S汽车服务管理模式，汽车销售服务企业逐步实行规范化管理，各种管理制度逐渐完善，如图1-1-2所示。

图1-1-1　早期维修车间　　　　图1-1-2　逐渐规范的维修车间

（2）技术水平：逐渐具有现代化的专业工具、设备和软件，技术水平逐步与世界同步。

（3）人员情况：逐步规范从业人员的准入制度，专业培训和考证逐步完善。

（4）经营模式：私营企业、合资企业逐渐成为主流，维修厂、维修中心、4S店共存。

三　规范经营阶段（2006年—现今）

（1）管理方式：行业主管部门统一管理，行业协会规范监督，企业逐步实行精细化管理，各种管理制度基本完善，如图1-1-3所示。

图1-1-3　品牌4S店维修车间

（2）技术水平：普遍具有先进的专业工具、设备和软件，技术水平基本与世界同步。

（3）人员情况：从业人员的准入制度获得规范化，从业人员须经培训并持证上岗。

（4）经营模式：多种经营模式共存，包括集团经营、4S店、综合维修厂、专业维修中心、2S店、连锁快修、专业加装及美容中心等。

汽车服务行业一直在迭代发展，可以通过哪些途径获取最新信息呢？

行家观点

行业简介视频资源

思政小课堂

爱岗敬业是社会主义职业道德最基本、最起码、最普通的要求之一，也是最基本的职业道德规范之一，是对人们工作态度的普遍要求。爱岗，即热爱自己的工作岗位，热爱本职工作；敬业，即要用一种恭敬严肃的态度对待自己的工作。

（1）通过哪些途径，可以获取汽车行业的资讯？
_____
_____

（2）代表我国现代汽车产业改革开放起步的合资产品是哪3个品牌的车辆？分别于哪一年成功上市？
①_____车，于_____年上市；
②_____车，于_____年上市；
③_____车，于_____年上市。
其中，_____合资品牌在_____年破产。

任务二　了解汽车服务行业的现状和发展趋势

一　汽车服务行业的现状

随着时代的发展，汽车后市场的现状特征也有所变化，当前汽车后市场的现状如图 1-2-1 所示。

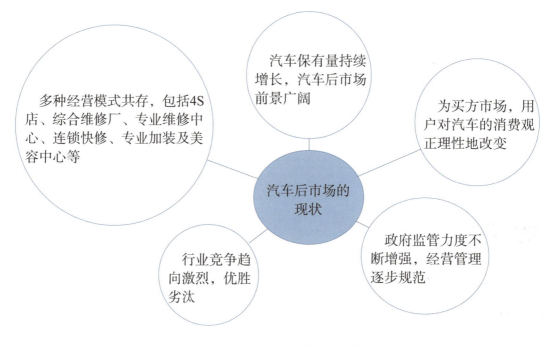

图 1-2-1　汽车后市场的现状

二　汽车服务行业从业人员的现状和就业形势

主要表现在如下方面。

（1）随着二三线城市汽车产业的发展，各层次、各地域间的从业人员流动程度加剧；

（2）各专业工种从业人员的准入条件提高，对从业人员的素质和能力要求更高；

（3）目前汽车服务企业对素养高、行业兴趣浓、专业知识技能扎实的汽车服务类专业中职学生有较大的需求；

（4）因各汽车院校的毕业生人数不断增多，一线城市中有影响力的企业对求职者的学历和综合能力的要求逐步提高，各个重要岗位的竞争较大；

（5）目前在一线城市中，汽车服务业除个别工种外，从业人员供过于求，而二、三线城市情况则相反；

（6）行业内厂家不同、品牌不同、岗位不同，收入差距比较悬殊。

三 汽车服务行业的发展趋势

经历近几十年的发展，我国现已成为全球最大的汽车生产和消费国。目前，汽车行业正处于不断变化的阶段，"电动化""网联化""智能化"和"共享化"的发展趋势，使汽车服务行业发生巨大的变革，各种新服务理念、新服务模式和手段在不断呈现，汽车服务行业对从业者的综合素质要求将不断提高。

爱岗敬业、业务能力强、综合素质高的汽车服务行业从业人员，更容易做出成绩。

行家观点

思政小课堂

职业道德是各行业的从业人员都应遵守职业公约之一。职业道德包括5项基本规范，即"爱岗敬业、诚实守信、办事公道、服务群众、奉献社会"。其中，服务群众是社会主义职业道德的核心规范，是贯穿于全社会共同的职业道德的基本精神。

课后拓展

（1）对于汽车服务行业来说，现阶段最显著的特点是什么？

（2）你了解的汽车服务行业未来的趋势有哪些方面？

（3）我国汽车产业目前的状况是怎样的？

任务三　了解各种经营模式企业的运营特点

一　现阶段我国存在的汽车服务企业类型

现阶段我国汽车服务企业的体系较为完整，各种经营模式的企业共存、互为补充，各有各的生存空间和条件。

目前，我国汽车服务企业存在的经营模式主要有 4S 店、综合维修厂、专业维修中心、连锁快修、专业加装、美容中心以及配件经销商等。

二　汽车销售服务 4S 品牌店

1. 汽车销售服务 4S 品牌店的概念

汽车销售服务 4S 品牌店，简称为"4S 店"。其中的"4S"是整车销售（sale）、零配件供应（sparepart）、售后服务（service）、信息反馈（survey）的英文名称首字母缩写。

汽车 4S 店就是指将这 4 项功能集于一体的汽车销售服务企业。

2. 4S 店的特点

与其他经营模式的企业对比，4S 店具有以下特点：

（1）4S 店投资规模大，经营成本高；

（2）服务品牌单一，管理体系完整、严格；

（3）有较完善的服务体系、专业的汽车技术支持、有保障的汽车零配件供应及完善的产品质量保修条例；

（4）消费相对较高。

3. 4S 店企业组织架构

常见的 4S 店企业组织架构，如图 1-3-1 所示。

4. 4S 店的工作流程

4S 店常见的销售工作流程，如图 1-3-2 所示。4S 店常见的售后服务工作流程，如图 1-3-3 所示。

5. 4S 店外观

品牌 4S 店外观如图 1-3-4、图 1-3-5 所示。

6. 4S 店主要工作区域

4S 店内一般设置有：销售展厅（图 1-3-6）、客户休息区/水吧（图 1-3-7）、维修接待处和维修服务前台（图 1-3-8、图 1-3-9）、汽车精品展销区（图 1-3-10）、机电维修车间（图 1-3-11）、钣喷修复车间（图 1-3-12）、配件仓库（图 1-3-13）等功能区域，并配有企业品牌文化区（图 1-3-14）和技术认证资质（图 1-3-15）等。

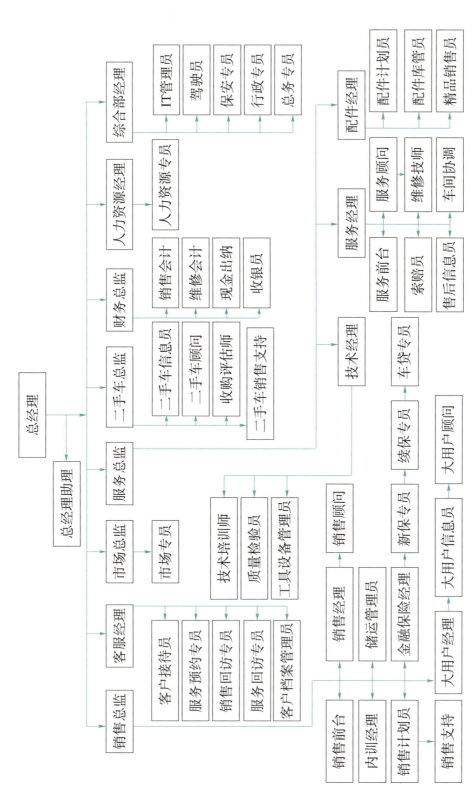

图1-3-1 4S店企业组织架构

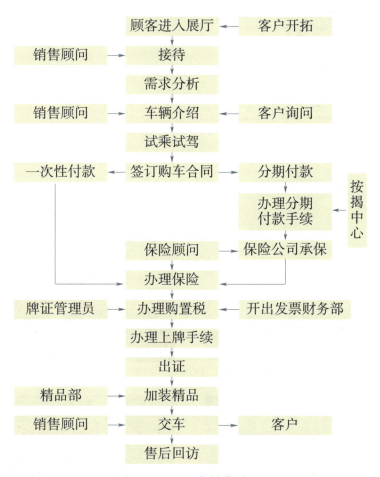

图 1-3-2　4S 店销售流程

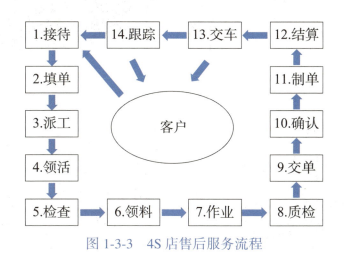

图 1-3-3　4S 店售后服务流程

行家观点

熟悉工作流程，熟能生巧，工作效率直线提升。

图 1-3-4　保时捷 4S 店外景

图 1-3-5　雷克萨斯 4S 店外景

图 1-3-6　4S 店销售展厅

图 1-3-7　客户休息区、水吧

图 1-3-8　维修接待处

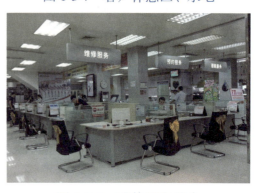

图 1-3-9　维修服务前台

图 1-3-10　汽车精品展销区

图 1-3-11　机电维修车间

图 1-3-12　钣喷修复车间

图 1-3-13　配件仓库

图 1-3-14　企业品牌文化

图 1-3-15　品牌技术认证

三　汽车城（汽车销售市场）

汽车城是指集众多汽车经销商和汽车品牌于同一场地的汽车销售场所，汽车城如图 1-3-16 所示，汽车展销中心如图 1-3-17 所示。

图 1-3-16　汽车城外景图

图 1-3-17　汽车展销中心外景图

四　汽车综合维修厂

1. 汽车综合维修厂的分类

按规模大小，汽车综合维修厂一般分为一类维修厂、二类维修厂及三类维修厂，其经营方式灵活，不销售车辆，运营成本不高。

2. 汽车综合维修厂服务体系的特点

综合维修厂对各种品牌的车辆都可提供维修服务。其服务体系基本完善，骨干维修技师的综合能力和经验要求都较高。

3. 汽车综合维修厂的外观

部分汽车综合维修厂外观和内部场景，如图 1-3-18、图 1-3-19 所示。

图 1-3-18　汽车综合维修厂外景

图 1-3-19　汽车综合维修车间

五　汽车专业维修中心

专业维修中心是主要针对整车某一总成或某类维修任务进行专门维修。常见的专业维修中心有自动变速器维修中心、柴油机喷油泵维修中心、车身修复中心及调漆中心等，如图1-3-20、图1-3-21所示。专业维修中心的最大特点是专业性很强。

图1-3-20　专业维修中心内景

图1-3-21　专业维修中心工作场景

六　汽车连锁快修

连锁快修是将若干个统一经营模式的、以简单维护为主要服务业务的汽车服务企业组成网络化状态的连锁企业，如图1-3-22、图1-3-23所示。其将分散的、规模不大的区域市场联合起来，使各种资源得到高效利用，形成较大而稳定的用户市场，其服务体系基本完整。

图1-3-22　汽车快修连锁门店外景

图1-3-23　汽车服务连锁门店外景

七　汽车专业加装店

专业加装店主要从事汽车相关用品的加装工作，如汽车音响、防盗系统、GPS（图1-3-24）、轮胎（图1-3-25）、贴膜（图1-3-26）、真皮座椅改装和各种车身附件的改装（图1-3-27）等。其特点是能提供专业、快捷、方便经济的汽车后市场服务。

图 1-3-24　汽车音响等改装企业

图 1-3-25　汽车轮胎改装企业

图 1-3-26　汽车贴膜等加装企业

图 1-3-27　车身性能改装企业

八　汽车美容中心

汽车美容中心主要工作是对汽车外表和室内进行各种清洁、清理、清洗和养护，如图 1-3-28、图 1-3-29 所示。

图 1-3-28　美容中心外景

图 1-3-29　汽车美容工作场景

九　汽车配件及用品经销店

汽车配件及用品经销店的主要经营范围是销售汽车各品牌车型的配件、用品、辅料及油料等，主要销售对象是从事汽车服务的各种企业，同时也经营各地的批发业务，如图 1-3-30 所示。

a)汽配城外景

b)品牌汽配门店外景

c)汽配服务前台场景

d)汽配供应中心门店外景

图 1-3-30　汽车配件城、汽配中心实景

十　汽车租赁公司

汽车租赁公司的主要业务是向社会各界及个人有偿出租汽车的使用权，如图 1-3-31 所示。

十一　机动车检测中心（站）

由机动车检测站、环保部门和公安交警等部门合作组建的机动车检测中心，负责对机动车进行性能检测、环保检测和机动车年审、上牌、过户等业务的办理，如图 1-3-32 所示。

图 1-3-31　汽车租赁公司外景

图 1-3-32　机动车检测中心外景

十二　汽车保险销售和理赔代理公司

汽车保险销售和理赔代理公司的工作主要是开展汽车保险的销售（图 1-3-33）和出险理赔业务（图 1-3-34）等。

图 1-3-33　汽车保险销售岗位

图 1-3-34　汽车保险理赔定损中心

行行出状元。
选择一行，热爱一行，做精一行。

行家观点

思政小课堂

三百六十行，行行出状元！各行各业的人员，无论从事什么行业，只有热爱本职工作、崇尚劳动、尊重劳动、勤奋努力干实事，才能做出优异的成绩。

  课后拓展

我喜欢在汽车服务业中哪一种类型的企业工作？为什么？

_____

_____

任务四　认识汽车服务岗位

一　客户服务中心岗位及能力要求

客服（CR）的工作场景如图 1-4-1、图 1-4-2 所示。

图 1-4-1　客服（CR）岗位工作场景　　图 1-4-2　客服（CR）与客户现场沟通场景

1. 客服（CR）的主要工作内容

（1）销售、售后客户的日常回访，接收客户投诉信息，总结周报及月报；

（2）对保险及汽车维护周期即将到期的客户进行提醒；

（3）对客户档案、工单等资料归档、整理，并定期核对客户信息，保证客户信息的准确性；

（4）受理客户投诉，并跟踪相关负责人处理投诉的全过程，形成反馈报告；

（5）协助客服（CR）经理进行客户数据整理；

（6）协助客服（CR）经理开展客户关怀活动。

2. 客服（CR）应具备的能力要求

（1）良好的职场礼仪素养；

（2）具有标准的普通话表达与良好的沟通能力；

（3）熟悉基本的汽车专业知识；

（4）熟悉销售及售后服务流程，具备公共关系与人际交往能力；

（5）具有基本的营销技能；

（6）具有良好的问访技能。

二 汽车销售（新车销售、二手车销售）岗位及能力要求

新车销售、二手车销售岗位的工作场景如图1-4-3、图1-4-4所示。

图1-4-3　汽车销售展厅实景

图1-4-4　汽车营销工作场景

1. 销售顾问的主要工作内容

（1）根据展厅销售计划，按照展厅销售流程开展展厅销售工作，完成销售目标；

（2）提升销售满意度，负责销售满意度改善和年度目标达成；

（3）根据精品、附件以及衍生业务的工作计划开展销售工作，完成销售目标；

（4）按照标准销售流程的要求开展展厅接待工作；

（5）按照厂家的展厅检查标准，进行展厅日常维护、展车管理；

（6）执行厂家的销售/促销政策，配合厂家或经销商组织的各类活动；

（7）按照试乘试驾流程开展试乘试驾工作，提升试乘试驾率；

（8）运用销售客户服务系统进行客户管理，开展客户维系工作；

（9）收集并向市场部提供精品促销、产品等信息，与市场部共同制订销售话术；

（10）负责解决一般用户投诉，配合解决重大客户投诉；

（11）接听销售来电，记录来电客户信息，配合信息统计专员登记来店客户信息。

2. 销售顾问应具备的能力要求

（1）良好的职场礼仪素养和身体条件；

（2）熟悉商务用语和标准话术；

（3）熟悉基本的汽车专业知识；

（4）具有良好的沟通表达技能；

（5）熟悉销售服务流程；

（6）具有基本的营销技能。

三 服务接待（SR）岗位及能力要求

服务接待（SR）岗位工作场景如图1-4-5、图1-4-6所示。

图1-4-5　服务接待（SR）岗位工作场景　　图1-4-6　服务接待（SR）岗位工作区域

1. 服务接待（SR）的主要工作内容

主要负责对进入销售或售后维修部的客户车辆进行接待和引导工作，对客户的相关资料进行登记，并完成每天的日报表。

2. 服务接待（SR）应具备的能力要求

（1）良好的职场礼仪素养；

（2）具有标准的普通话表达与良好的沟通能力；

（3）具有良好的身体条件且具有亲和力；

（4）熟悉基本的汽车专业知识；

（5）熟悉售后服务的各项服务流程。

四　售后服务顾问（SA）岗位及能力要求

售后服务顾问（SA）岗位工作场景如图 1-4-7、图 1-4-8 所示。

图 1-4-7　售后服务顾问（SA）岗位工作场景

图 1-4-8　售后服务顾问（SA）岗位工作区域

1. 售后服务顾问（SA）的主要工作内容

（1）对外进行企业营销、市场开拓、维修业务的推广；

（2）负责客户进厂维修的服务接待，提出维修建议和服务内容，并与客户达成维修服务协议；

（3）对维修服务的全过程进行指导和监控；

（4）对完成维修服务后的客户进行跟踪和获取反馈。

2. 售后服务顾问（SA）应具备的能力要求

（1）了解各种车辆产品的基本知识；

（2）具有入门级的维修技术并掌握基本的故障诊断方法；

（3）熟悉售后服务流程；

（4）良好的接待问诊技巧和沟通话术；

（5）良好的客户投诉处理能力；

（6）熟悉配件及附件知识；

（7）具备保险及理赔基础知识。

五 售后服务顾问助理（SA助理）岗位及能力要求

售后服务顾问助理（SA助理）岗位工作场景如图1-4-9、图1-4-10所示。

图1-4-9　售后服务顾问助理岗位工作场景（一）

图1-4-10　售后服务顾问助理岗位工作场景（二）

1. 售后服务顾问助理（SA助理）的主要工作内容

（1）协助配合售后服务顾问（SA）完成对客户的维修接待、车辆登记、维修协议达成确认、工单制作、进度跟进、工单审核、账单制作、客户联系、客户缴费、售后回访等服务流程的各项基础工作；

（2）负责售后服务部日常工作的各种单据的整理、数据的统计和报表的制作。

2. 售后服务顾问助理（SA助理）应具备的能力要求

（1）具有良好的职场礼仪和亲和力；

（2）具有良好的身体条件和思想品格；

（3）具有良好的汽车专业知识储备；

（4）具有良好的沟通表达能力；

（5）具有良好的团队合作精神；

（6）熟悉售后服务流程；

（7）具有基本的营销技能。

六 机电维修技师岗位及能力要求

机电维修技师岗位工作场景如图1-4-11、图1-4-12所示。

图1-4-11 机电维修技师岗位工作场景（一）

图1-4-12 机电维修技师岗位工作场景（二）

1. 机电维修技师岗位的主要工作内容

（1）从事对车辆的发动机、底盘和车身电器等各零部件总成、系统进行维护、检修等工作，以保证车辆各性能正常；

（2）学习并掌握高科技检测设备和检修新工艺。

注意：机电维修实习生应服从工作安排，并学习和掌握汽车维修工作技能。

2. 机电维修技师应具备的能力要求

（1）具有良好的文化基础；

（2）具有良好的汽车基础专业知识储备；

（3）具有良好的团队合作与沟通能力；

（4）具有良好的服从力和执行力；

（5）具有良好的规范操作能力；

（6）具有良好的学习能力；

（7）具有良好的身体素质。

机电维修岗位介绍视频

七 车身钣金技师岗位及能力要求

车身钣金技师岗位工作场景如图1-4-13、图1-4-14所示。

图 1-4-13　车身钣金技师岗位工作场景（一）

图 1-4-14　车身钣金技师岗位工作场景（二）

1. 车身钣金技师岗位的主要工作内容

（1）对由于外力作用而造成的车身外形变形或损坏，进行修复工作；

（2）通过使用各种专用工具和设备，以焊接、压拉校正或更换部件等手段修复汽车的损坏位置，恢复车辆的使用性能；

（3）配合车辆面漆喷涂进行修复工作。

注意：钣金实习生应服从工作安排，并学习汽车车身变形或损坏部位的修复，车辆门锁机构的检修和车身玻璃的更换等基础工作。

2. 车身钣金技师应具备的能力要求

（1）具有良好的汽车基础专业知识储备；

（2）具有良好的汽车钣金基础知识储备；

（3）具有良好的团队合作与沟通能力；

（4）具有良好的服从力和执行力；

（5）具有良好的规范操作能力；

（6）具有良好的学习能力；

（7）具有良好的身体素质。

八、车身喷漆技师岗位及能力要求

车身喷漆技师岗位工作场景如图 1-4-15、图 1-4-16 所示。

图 1-4-15　车身喷漆技师岗位工作场景（一）

图 1-4-16　车身喷漆技师岗位工作场景（二）

1. 车身喷漆技师岗位的主要工作内容

（1）主要从事车身表面各部位漆面的修补和喷涂工作；

（2）底层粗原子灰的打磨、中层原子灰的打磨、表层底漆的喷涂、面漆的喷涂以及面漆的打蜡抛光等工作；

（3）对各种漆料颜色进行调配和校对的调漆工作。

2. 车身喷漆技师应具备的能力要求

（1）具有良好的汽车基础专业知识储备；

（2）具有良好的汽车喷涂基础知识储备；

（3）具有良好的团队合作与沟通能力；

（4）具有良好的服从力和执行力；

（5）具有良好的规范操作能力；

（6）具有良好的学习能力；

（7）具有良好的身体素质。

九　车险销售与理赔岗位及能力要求

汽车保险销售岗位工作场景如图 1-4-17 所示，汽车保险理赔岗位工作场景如图 1-4-18 所示。

1. 车险销售和理赔岗位的主要工作内容

（1）保险销售岗位：负责对新购车辆客户进行车险销售工作；

（2）保险续保岗位：负责对在用车辆用户进行续保等工作；

（3）保险理赔岗位：负责对车辆出险后，和车主与保险公司的定损人员进行接洽，负责事故车辆理赔卷宗的整理和交案工作，负责跟踪出险车辆的维修进度和完工出厂情况。

图 1-4-17　汽车保险销售岗位工作场景

图 1-4-18　汽车保险理赔岗位工作场景

2. 汽车保险岗位应具备的能力要求

（1）具有良好的汽车基本专业知识储备；

（2）具有良好的汽车保险基本知识储备；

（3）具有良好的语言表达能力；

（4）具有良好的沟通能力；

（5）具有良好的团队合作精神；

（6）具有良好的营销能力；

（7）具备电子商务的基本技能。

✚ 汽车配件（用品）管理和销售岗位及能力要求

汽车配件（用品）管理和销售岗位工作场景如图 1-4-19 所示。

a) 品牌 4S 店配件管理领料处

b) 汽配仓库管理

图 1-4-19　配件管理和配件销售岗位工作场景

1. 汽车配件（用品）管理和销售岗位的主要工作内容

（1）仓库管理：负责材料及零配件进库验收、立卡、入账等工作，根据所需配件库存制作订件清单；

（2）门店销售：负责接待、报价、电销、订货、收发货和结算等工作；

（3）电销和行销：负责拓展销售渠道、反馈市场信息。

2. 汽车配件（用品）管理和销售应具备的能力要求

（1）具有良好的沟通表达技能；

（2）熟悉基本的汽车专业知识；

（3）熟悉基本的汽配相关专业知识；

（4）熟悉电子商务的基础知识；

（5）熟悉物流管理的基础知识；

（6）具有基本的营销能力。

十一 汽车精品加装岗位及能力要求

汽车精品加装岗位主要从事对适合各种车辆的相关改装部件和附属用品的加装，以满足车主对车辆性能提升和各种个性化需求，工作场景如图 1-4-20、图 1-4-21 所示。

图 1-4-20　汽车精品加装岗位工作场景

图 1-4-21　汽车精品加装门店外景

1. 汽车精品加装岗位的主要工作内容

（1）汽车音响系统的改装或提升；

（2）GPS 和防盗系统的改进或加装；

（3）照明系统的改装或提升；

(4）车身玻璃的贴膜；

(5）真皮座椅改装；

(6）各种车身附件的加装等。

2. 汽车精品加装岗位应具备的能力要求

(1）具有良好的汽车基础专业知识储备；

(2）具有良好的团队合作与沟通能力；

(3）具有良好的服从力和执行力；

(4）具有良好的规范操作能力；

(5）具有良好的身体素质。

十二 汽车美容岗位及能力要求

汽车美容岗位工作场景如图 1-4-22、图 1-4-23 所示。

图 1-4-22　汽车美容店外观

图 1-4-23　汽车美容岗位工作内景

1. 汽车美容岗位的主要工作内容

(1）对车辆外表进行清洗、清洁、打蜡、抛光等车身美容作业；

(2）对车厢内进行清洁、消毒等内饰养护工作。

2. 汽车美容实习生应具备的能力要求

(1）具有良好的服从力和执行力；

(2）具有良好的规范操作能力；

(3）具有良好的身体素质。

每个岗位,刚开始做不难。最难的是坚持,坚持质量意识、效率意识,并具始终如一的严谨。

行家观点

思政小课堂

工匠精神包含高超的技艺和精湛的技能,严谨细致、专注负责的工作态度,精雕细琢、精益求精的工作理念,以及对职业的认同感、责任感。新时代的中国工匠精神是对中国传统工匠精神的继承和发扬,也是为适应我国现代化强国建设需要而产生,与劳模精神、劳动精神构成一个完整的体系,成为激励广大职工实现中华民族伟大复兴中国梦的强大精神力量。

 课后拓展

 想一想

自己适合从事汽车服务业中的什么工作岗位?为什么?

_____

_____

实践任务一

通过本项目的学习,我们对汽车服务行业有了整体的认知。依据所学知识,请你查找相关信息,完成以下内容。

(1)选取一家你感兴趣的汽车服务企业,通过网络查询的方法来获取企业的经营信息和地理位置。

_____

_____

_____

(2)查询相关信息后,叙述 4S 店与综合维修厂有哪些显著的不同点?

_____

_____

_____

(3)查询相关信息后,叙述目前汽车后市场从业人员的状况。

_____

_____

_____

_____

学习评价

"行业认知"项目目标达成度评价表

评价内容		评 分		
项目	内容	配分（分）	得分（分）	批注
知识学习 （40%）	有进行较好的预习	5		
	能叙述各种经营模式企业的运营特点	10		
	能写出汽车服务业对口的工作岗位	10		
	能简单叙述工作岗位应具备的能力要求	15		
课堂参与 （30%）	认真听讲，课堂表现良好	10		
	能参与课堂的提问、讨论，进行良好互动	10		
	能进行思考，并完成书本中的练习题	10		
实践任务 （30%）	能按要求完成学习实践任务	20		
	能结合本项目进行学习分享	10		
学习状态 自我评价	○非常优秀　　○比较优秀 ○有待改进　　○急需改进	自我评价 得分		
教师总体 评价		总体评分		

项目二 专业认知

中等职业学校在对学生进行高中程度文化知识教育的同时,根据职业岗位的要求,有针对性地实施专业知识与职业技能教育,目标是培养高素质劳动者与技术技能型人才,因此我们学生需要对所学专业有较为全面的了解。

学习目标:

(1) 认识各专业的主要学习内容;

(2) 了解各专业配置的教学资源;

(3) 了解各专业对口的工作岗位。

学习课时: 4学时。

案例情景

李同学初中毕业后,就读职业院校的汽车服务类专业,但李同学对汽车服务类专业了解得很少。对读的专业,能学到哪些知识技能、毕业后能从事哪些工作,也没有概念,对此李同学非常迷茫。

你能提供相关的信息,帮助李同学解开心中的迷茫吗?

案例导学

 老师,我不喜欢上课学习,只喜欢动手实操,职业学校的课程是不是都是实操课程?

 中职学校的学生,除了学习基础知识,还要学习社会需要的专业学识,包含知识和技能,毕业后才能成为技术技能型人才。

 这和我想的不一样!而且我现在都不知道专业、知识技能等内容,怎么办?

进入职业院校，首先就要了解学校所开设的专业，就像你目前选择的这个专业，就要了解该专业会学什么知识和技能、专业所对应行业的发展情况。只有了解清楚后，才能运筹帷幄。

　　可是，如果我毕业后是要从事修车工作，那了解这些信息有什么用呢？

　　肯定有用，了解相关信息后，就能够知道自己要学习哪些专业知识，掌握哪些专业技能，我们才能树立目标，才能让自己变得更优秀。

> 💡 **想一想**
>
> 我就读的专业，全称是：_____。

　　我还是不知道这个专业的详细情况，现在会不会太迟了？另外，我应该学习哪些知识呢？

　　现在学习还来得及，跟着老师，一起开启学习吧。面向汽车服务业这个行业，我们需要学习以下内容。

（1）认识各专业主要学习的内容；
（2）了解各专业配置的教学资源；
（3）了解各专业对口的工作岗位。

任务一　认识汽车运用与维修专业

一　主要学习内容

汽车运用与维修
专业介绍视频

　　汽车运用与维修专业的学生，主要学习汽车各总成（包括发动机、底盘、全车电器等）的结构、工作原理以及维护和检修等内容，如图2-1-1、图2-1-2所示。

图 2-1-1　汽车发动机总成拆装学习

图 2-1-2　汽车整车维护实训

二　通常配置的教学资源

（1）师资方面：一般配有专任理论教师和实训教师。

（2）教学模式：一般采用理论与实践一体化教学，配备有集中学习区和分组学习区，如图 2-1-3、图 2-1-4 所示，此外还配置有整车实训学习区，如图 2-1-5、图 2-1-6 所示。

图 2-1-3　集中学习区

图 2-1-4　分组学习区

图 2-1-5　整车实训学习区

图 2-1-6　整车实训专项学习

三 学习该专业后可从事的工作岗位

可从事的工作岗位：

（1）汽车机电维修工；

（2）汽车美容与精品加装技工；

（3）售后接车助理（SA 助理）；

（4）机动车检测中心检测员；

（5）车险销售和理赔员；

（6）汽车租赁检修技师；

（7）汽车配件管理和销售员。

行家观点

校企合作的优质资源，对于专业学习和成长帮助巨大。

思政小课堂

团结协作是员工的基本规范之一，是指在日常生活、学习和工作中，集体中的成员要相互支持、互相配合，顾全大局，明确工作任务和共同目标，在工作中尊重他人，虚心诚恳，积极主动协同他人完成各项事务。

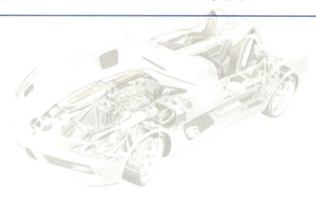

课后拓展

（1）我适合学习汽车运用与维修专业吗？为什么？

_____

_____

（2）我适合本专业的哪些工作岗位？为什么？

_____

_____

任务二　认识新能源汽车运用与维修专业

一　主要学习内容

新能源汽车运用与维修专业的学生，主要学习新能源汽车构造、电工电子技术、汽车电控技术、电动汽车、动力蓄电池与驱动电动机、汽车新能源与节能技术、汽车检测与故障诊断等，如图2-2-1、图2-2-2所示。

图 2-2-1　新能源汽车整车维护

图 2-2-2　新能源汽车高压蓄电池、动力总成检修学习

二 通常配置的教学资源

（1）师资方面：一般配有专业理论教师和实训教师。

（2）教学模式：一般采用理论与实践一体化的教学环境，如图2-2-3~图2-2-6所示。

图2-2-3　新能源汽车运用与维修学习区

图2-2-4　新能源汽车运用与维修总成检修学习区

图2-2-5　新能源汽车运用与维修整车实训区

图2-2-6　新能源汽车运用与维修专项实训

三 学习该专业后可从事的工作岗位

可从事的工作岗位有如下。

（1）汽车机电维修工；

（2）汽车美容与精品加装技工；

（3）售后接车助理（SA助理）；

（4）机动车检测中心检测员；

（5）车险销售和理赔员；

（6）汽车租赁检修技师；

（7）汽车配件管理和销售员。

新能源汽车售后服务行业，从业人员有特别的要求，必须具备资质才能从事。

行家观点

思政小课堂

劳动精神是参与社会劳动生产的每一个人都必须具备的精神。我们每一个人都应该养成崇尚劳动、尊重劳动，懂得劳动最光荣、劳动最崇高、劳动最伟大、劳动最美丽的道理，进入社会才能够辛勤劳动、诚实劳动、创造性劳动。为企业和社会创造财富，自己才能够获得可观的劳动报酬。

课后拓展

从事新能源汽车机电维修岗位，应具备怎样的资质？为什么？

任务三　认识汽车服务与营销专业

一　主要学习内容

汽车服务与营销专业的学生，主要学习汽车销售服务流程管理、汽车售后服务流程管理、商务礼仪、客户服务及满意度、汽车构造、汽车电子商务、汽车配件运营管理、汽车保险与理赔、汽车市场营销、汽车商务法规等相关的内容，如图 2-3-1、图 2-3-2 所示。

图 2-3-1　汽车服务接待实训

图 2-3-2　汽车配件管理实训

二　通常配置的教学资源

（1）师资方面：一般配有专任理论教师和实训教师。

（2）教学模式：一般采用理论与实训相结合的教学环境，如图 2-3-3、图 2-3-4 所示。

图 2-3-3　汽车服务与营销专业集中学习区

图 2-3-4　汽车配件管理实训区

三　学习该专业后可从事的工作岗位

可从事的工作岗位有如下。

（1）汽车销售（新车销售、二手车销售）顾问；

（2）客户服务中心客服（CR）、电销（DCC）；

（3）售后接车助理（SA 助理）；

（4）服务接待（SR）；

（5）车险销售与理赔员；

（6）汽车配件管理和销售员；

（7）汽车精品销售员；

（8）汽车租赁业务员；

（9）机动车检测中心业务员；

（10）汽车文化方面工作人员（如汽车俱乐部管理员）。

职业形象很关键，体现在仪容仪表、言行规范和专业素养等方面。

行家观点

思政小课堂

职业素养是人类在社会活动中需要遵守的行为规范。个体行为的总和构成了自身的职业素养，职业素养是内涵，个体行为是外在表象。职业素养包含职业信念、知识技能和行为习惯三个核心内容。

（1）我适合学习汽车服务与营销专业吗？为什么？

_____

_____

（2）我适合本专业的哪些工作岗位？为什么？

_____

_____

任务四　认识汽车车身修复专业

一　主要学习内容

汽车车身修复专业的学生主要学习汽车车身各总成的结构、作用、工作原理以及钣金和喷涂的基础知识，并对车身的钣金和喷涂修复技能进行实操学习，如图2-4-1所示。

a)车门修复实训

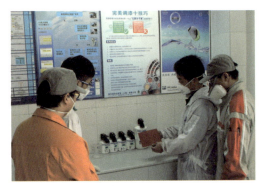
b)调漆实训

c)打磨实训

d)喷涂漆面实训

图2-4-1　汽车车身修复专业学习内容

二　通常配置的教学资源

（1）师资方面：一般配有专任理论教师和实训教师。

（2）教学模式：一般采用理论与实践一体化教学环境，如图2-4-2所示。

a) 焊接实训区

b) 车身诊断与矫正实训区

c) 打磨实训区

d) 喷涂实训区

图 2-4-2　汽车车身修复专业学习资源

三　学习该专业后可从事的工作岗位

可从事的工作岗位有如下。
（1）汽车钣金技师；
（2）汽车喷漆技师；
（3）车身内饰装修技师；
（4）车身改装技师；
（5）汽车美容与精品加装技师。

车身修复专业，培养出多位劳动模范和技术能手。

行家观点

思政小课堂

　　劳动模范和先进工作者是坚持中国道路、弘扬中国精神、凝聚中国力量的楷模，他们以高度的主人翁责任感、卓越的劳动创造、忘我的拼搏奉献，为全国各族人民树立了学习的榜样。"爱岗敬业、争创一流，艰苦奋斗、勇于创新，淡泊名利、甘于奉献"的劳模精神，生动诠释了社会主义核心价值观，是我们的宝贵精神财富和强大精神力量。

课后拓展

（1）我适合学习汽车车身修复专业吗？为什么？

_____

_____

（2）我更适合本专业的哪些工作岗位？为什么？

_____

_____

实践任务二

通过本项目的学习,我们对所就读的专业有了较为全面的认知。请你带着所学的知识,通过有效途径,获取你所学专业的信息,并完成以下内容。

(1)收集你学校本专业主要学习的专业课程有哪些?配置了哪些学习场所?

_____
_____
_____

(2)结合自己适合的工作岗位,想一想你应着重学习哪些课程?

_____
_____
_____

(3)了解一位本专业的优秀毕业生,简要叙述他(她)的成长历程。

_____
_____
_____
_____

学习评价

"专业认知"项目目标达成度评价表

项目	评价内容		评 分	
	内容	配分(分)	得分(分)	批注
知识学习（40%）	有进行较好的预习	5		
	能叙述本专业主要的学习内容	10		
	能叙述本专业主要的学习场所和教学模式	10		
	能列举出汽车服务业对口的工作岗位	15		
课堂参与（30%）	认真听讲，课堂表现良好	10		
	能参与课堂的提问、讨论，进行良好互动	10		
	能进行思考，并完成书本中的练习题	10		
实践任务（30%）	能按要求完成学习实践任务	20		
	能进行学习分享	10		
学习状态自我评价	○非常优秀　○比较优秀 ○有待改进　○急需改进	自我评价得分		
教师总体评价		总体评分		

中篇 求职技能

学习汽车服务类专业的学生，在学习专业知识和技能的同时，还需要学习求职技巧，学会制订个人职业规划，才能更好地做好求职准备，顺利进入理想的企业，最终实现个人职业梦想的起航！

本篇主要学习职业规划、目标企业的确定、面试技能的掌握和企业的最终选定。

建议学时：16学时。

项目三 职业规划

职业规划是指根据目前社会中的各种客观机遇和制约因素，结合自身的实际情况，为自己确立未来的职业目标和发展方向，选择职业发展过程的路线，确定发展计划，并为实现职业生涯目标而确定行动的时间方案。如果能清晰理解职业规划的意义，并充分运用职业规划的方法，将对个人的学业、择业以及职业生涯的发展产生积极的引领作用。因此，我们需要学习设计合理的职业规划。

学习目标：

（1）了解职业规划的意义；

（2）了解汽车服务业实习生的成长过程；

（3）能设计个人的职业规划。

学习课时： 4学时。

 案例情景

李同学在了解汽车行业和所就读的专业之后，认为只要在学校认认真真学习专业知识和技能，肯定能学有所成，成为一名成功的汽车职业人！

他说，自己只需要认认真真学习专业知识，锻炼动手能力。至于其他方面，比如劳动锻炼卫生打扫、学生干部锻炼、社团活动、比赛等，都与他无关。

你是否认同李同学的想法？汽车职业人应具备的素养有哪些呢？

 案例导学

 因为我以前不珍惜学习，所以成绩很差。现在我要加倍努力，和学习无关的事情别打扰我！

 很开心看到你认真的样子。但学习知识技能和提高综合素养，都很重要，都要重视。

工作不就是需要知识技能嘛，其他的事情我觉得会影响学习，我以前就是没有专注在学习上，所以成绩不好，现在我应该更加努力。

知识技能可以让你完成工作，但要做好工作，还需要很多其他方面，比如学习能力、沟通表达、逻辑思维等，这些都是相辅相成的。

嗯，我的目的只有一个，就是以后能工作得更好更出色。其他方面的，我不知道该学哪些呀？

所以，你需要好好做规划，避免迷茫地学习。

💡 想一想

什么是规划？

既然学习需要做好规划，那我应该了解哪些方面的内容？

跟着老师，一起开启学习吧。为了更好地学习和职业成长，我们需要学习以下内容。

（1）了解职业规划的意义；
（2）能叙述职业规划五个方面；
（3）能进行初步的职业规划；
（4）了解汽车服务业实习生的成长过程。

中职生职业规划演讲

任务一　认　知　自　我

自我认知的主要内容

在确定自己将来从事什么工作之前，首先要对自己有一个充分的自我认知，了解自己的优势和劣势，具体可从表 3-1-1 所示的四方面进行分析。

自我认知的分析要点　　　　　　　表 3-1-1

四个方面	分析要点	
（1）	对自己各种情况（包括身体条件、生理、心理、综合素质与能力、知识、学习成绩、特长、爱好以及家庭背景等）的了解和认知，并进行综合地分析与权衡	
（2）	对自己在中职学校所学的专业知识以及所对口行业的运营环境和发展趋势的认知	
（3）	在学校范围内将自己与同学们进行比较，分析自己具有的优势和劣势。比如从身体条件、学习能力、学习成绩、实操能力、沟通表达能力、独立处理问题的能力以及家庭条件等方面去做比较，从而分析出哪些方面是优势，哪些方面处于劣势	
（4）	在参加企业岗位实习过程中，将自己与企业内其他工作人员作比较，分析自己具有的优势和劣势	优势方面： 对比非汽修类专业毕业的新从业人员，自己可能具有的优势有如下方面。 ①由于自己在职业学校学习过汽修类的专业知识和实操技能，因此在工作过程中比他们就更容易理解和入门，专业技能的提高应该比他们快； ②因在学校的学习过程中，对行业的发展情况和行业内各个工作岗位有了一定的认识，所以在工作过程中就比他们更容易适应企业的要求 劣势方面： 对比已在行内工作过的从业人员，自己可能存在的劣势有如下方面。 ①缺乏社会生活经验，没有实际工作经历； ②专业知识不够丰富，工作能力不强； ③行业、职场相关规矩认知不够等

全面客观地了解自己，有助于更好地提升自己。

行家观点

思政小课堂

青年是国家的未来和民族的希望，树立正确的人生观、价值观、世界观至关重要。青年要把正确的道德认知、自觉的道德养成、积极的道德实践紧密结合起来，自觉树立和践行社会主义核心价值观，带头倡导良好社会风气。

课后拓展

想一想

我的优势：＿＿＿＿＿＿＿＿＿＿＿＿＿＿＿＿＿＿＿＿＿＿＿＿＿＿＿＿＿＿。
我的劣势：＿＿＿＿＿＿＿＿＿＿＿＿＿＿＿＿＿＿＿＿＿＿＿＿＿＿＿＿＿＿。
简要自我评价：＿＿＿＿＿＿＿＿＿＿＿＿＿＿＿＿＿＿＿＿＿＿＿＿＿＿。

任务二 了解职业成长过程

一 对"入行"的理解

行业是指从事与国民经济中同性质的生产、服务或其他经济社会的经营单位或个体的组织结构体系，又称产业，如汽车业、零售业、银行业等。"入行"就是"外行"通过学习进入行业，成为"内行"的意思。"外行""内行""行家"的意思见表3-2-1。

外行、内行、行家的区分　　　　　　表3-2-1

名　词	释　义
外行	是指不懂某一件事物的人，通俗来说就是指不从事这个行业的人。比如：一位医院的医生，他对于汽车服务业来说就可以称为"外行"
内行	指对某种事情或工作有丰富的知识和经验的人，是指精于某行业、某专业的行内人。 比如：一位从事汽车维修工作多年的技师，可称为"内行"
行家	指对某种事情或在某个工作领域里有丰富的知识和经验，并具有较高专业造诣和影响力的内行人。 比如：音乐家、歌唱家、画家、书法家等

二 了解汽车服务业从实习生到高级职员常见成长过程

1. 汽车运用与维修（含新能源汽车运用与维修）专业学生的成长过程

（1）机电车间方向岗位成长过程如图 3-2-1 所示。

| 岗位提升过程 | 一般需用时间 |

- 售后经理：第十年后
- 车间主管：第九年
- 技术主管：第八年
- 总检：第七年
- 质检：第六年
- 班组长：第五年
- 高级工：第四年
- 中工：第二至第三年
- 学徒：第一年后

学生→机电车间实习生起步

图 3-2-1　机电维修岗位成长过程

（2）售后前台方向岗位成长过程如图 3-2-2 所示。

| 岗位提升过程 | 一般需用时间 |

- 售后经理：第十年后
- 服务主管或理赔主管：第五年
- SA 或车险员：第二年后
- SA 助理或保险助理：前三个月到第二年
- 服务接待/引导员：前三个月

学生→售后前台实习生起步

图 3-2-2　售后前台岗位成长过程

（3）配件方向岗位成长过程如图 3-2-3 所示。

2. 汽车车身修复专业学生的成长过程

车身修复方向岗位成长过程如图 3-2-4 所示。

| 岗位提升过程 | 一般需用时间 |

- 配件经理：第七年后
- 配件主管：第五年
- 配件进货及销售：第二年
- 仓库配件出入管理：第二年后
- 仓库配件摆放：三个月后到第一年
- 仓库配件清点：前三个月熟悉配件

学生→配件部实习生起步

图 3-2-3　配件岗位成长过程

| 岗位提升过程 | 一般需用时间 |

- 售后经理：第十年后
- 车间主管：第九年
- 质检：第六年
- 仓班组长：第五年后
- 级工：第四年
- 中工：第二年至第三年
- 学徒：第一年

学生→车间车身实习生起步

图 3-2-4　车身修复岗位成长过程

3. 汽车服务与营销专业学生的成长过程

（1）整车销售方向岗位成长过程如图 3-2-5 所示。

| 岗位提升过程 | 一般需用时间 |

- 整车销售经理：第十年后
- 整车销售主管：第五年后
- 整车销售业务员：第二年后
- 整车销售助理：三个月后到第二年
- 销售接待/引导员：前三个月

学生→整车销售实习生起步

图 3-2-5　整车销售岗位成长过程

（2）保险销售方向岗位成长过程如图 3-2-6 所示。

岗位提升过程	一般需用时间
▶ 保险销售经理：	第十年后
▶ 保险销售主管：	第五年后
▶ 保险销售业务员：	第二年后
▶ 保险销售助理：	三个月后到第二年
▶ 保险接待/引导员：	前三个月

学生→保险销售实习生起步

图 3-2-6　保险销售岗位成长过程

（3）客服方向岗位成长过程如图 3-2-7 所示。

岗位提升过程	一般需用时间
▶ 客服经理：	第十年后
▶ 客服主管：	第三年后
▶ 客户拓展员：	六个月后
▶ 客户问访员：	三个月后
▶ 客户休息室服务员：	前三个月
▶ 前台引导员：	前三个月
▶ 前台服务员：	前三个月

学生→客服实习生起步

图 3-2-7　客服岗位成长过程

（4）售后前台方向岗位成长过程如图 3-2-8 所示。

岗位提升过程	一般需用时间
▶ 售后经理：	第十年后
▶ 服务主管或理赔主管：	第五年
▶ SA 或车险员：	第二年后
▶ SA 助理或保险助理：	前三个月到第二年
▶ 服务接待/引导员（SR）：	前三个月

学生→售后前台实习生起步

图 3-2-8　售后前台岗位成长过程

（5）配件方向岗位成长过程如图 3-2-9 所示。

岗位提升过程　　一般需用时间

▶ 配件经理：第七年后
▶ 配件主管：第五年
▶ 配件进货及销售：第二年后
▶ 仓库配件出入管理：第二年后
▶ 仓库配件摆放：三个月后到第一年
▶ 仓库配件清点：前三个月熟悉配件

学生→配件部实习生起步

图 3-2-9　配件管理岗位成长过程

每一个行业，都能成长出专家。秘诀就是坚持不懈、精益求精做好做精工作。

行家观点

思政小课堂

　　严谨细致的工作态度，是工匠的基本素养之一。只有脚踏实地地积累经验和拥有追求质量的精神，在平凡的工作上创造出不平凡的一个个瞬间，才可能得到长足的发展。

课后拓展

议一议

是不是每一个学生，都会按照成长过程的路径和时间晋升？为什么？

任务三 职业目标的设计与实现

一 职业目标的设计

中职生的职业生涯目标，是指个人在选定的职业领域内、未来时点上所要达到的具体目标，一般包括短期目标、中期目标和长期目标，具体见表3-3-1。

职业目标的划分　　　　　　　　　　表3-3-1

目标类型	具 体 内 容
近期目标	是指从现在起到毕业时所设计的目标，如成为企业正式员工等
中期目标	是指毕业后工作5年内所设计的目标，如成为企业基层骨干或基层管理人员等
远期目标	是指毕业后工作10年内所设计的目标，如成为企业中层骨干或管理者等

二 职业目标设计的要求

职业目标的设计应明确、合适、合理，并与社会的发展目标相一致，如图3-3-1所示。不同阶段目标的设定应符合以下要求。

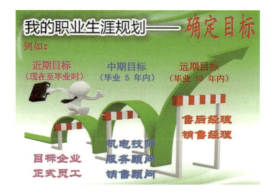

图3-3-1　职业目标的确定

1. 近期目标

（1）目标表述清晰、明确，切合实际，并非幻想；

（2）目标对本人具有意义，与自我价值观和中远期目标一致；

（3）有明确的、具体的完成时间；

（4）有明确的努力方向，通过努力能达到适合环境需要的能力，实现起来完全有把握。

2. 中期目标

（1）目标表述清晰、明确，切合实际，并非幻想；

（2）目标基本符合自己的兴趣、价值观，是结合自己的志向、所处的内外环境而制订，与长期目标一致；

（3）有比较明确的执行时间，根据外部环境变化可做适当的调整；

（4）目标具有一定的挑战性，可以发挥自己的能动性，实现的可能性非常大。

3. 远期目标

（1）目标表述清晰、明确，经过自己认真选择；

（2）目标很符合自己的兴趣、价值观，与自己的志向相吻合，能为自己的选择感到骄傲；

（3）目标具有更大的挑战性，与人生目标相融为一，有实现的可能性。

行家观点

明确的职业目标和职业理想，能给成长指明道路。

> **思政小课堂**
>
> 　　职业理想是人们依据社会要求和个人条件，借想象而确立的职业奋斗目标，即个人渴望达到的职业境界。它是人们实现个人生活理想、道德理想和社会理想的手段，并受社会理想的制约。作为即将参与社会分工的学生，应树立正面积极的职业理想。

课后拓展

思一思

我的职业目标有哪些？请填写在表 3-3-2 中。

我的职业目标　　　　　　　　　表 3-3-2

近期目标	
中期目标	
远期目标	

任务四　职业目标实现的措施

一　制订措施的意义

围绕职业目标制订措施是职业发展的第一步，也是实现目标的重要保证。所制订的措施应当切实、明确，有可行性，并能在行动中落实。

二　制订措施

要达成近期目标、中期目标和远期目标，需要针对阶段目标分别制订相应的措施。具体措施主要包括：依据要达成的目标，补充相应的学习内容；加强锻炼，提高相应的能力；完成相关任务等。

三 制订措施的要求

1. 措施制订三要素

制订的措施应合理、具体清晰,可操作性强。措施是否合适,是否可以实施,直接关系到目标是否可以实现。一般制订措施时,应包含任务、标准和时间三要素。

(1)任务要素,是指围绕实现目标需要做的各项工作和事宜,即"做什么"的问题。

(2)标准要素,是指根据"现在的我"变成"明天的我"之间的差距制订的措施。这些措施不仅要具体,而且要符合一定的标准和规范,即"做到什么程度"的问题。

(3)时间要素,是指实现目标的各项措施应有具体的时间要求。包括两个方面:一是什么时候达到这一目标,即目标的实现应有期限;二是什么时候实施达到目标所采取的各项措施,即完成任务的时间。

2. 措施制订的三要领

衡量一个措施制订的好坏,不仅需要包含三要素,更重要的是措施是否具体、可行、具有针对性,这是决定所制订的目标能否实现的关键。

(1)具体性,是指所制订的措施,在时间、方法和任务标准等方面都需要有具体的规定,操作性要强,以便于措施的落实和目标的实现。

(2)可行性,是指所制订的措施符合自身条件和外部环境,即措施的可行的。

(3)针对性,是指所制订的措施不仅要直接指向目标,而且指向本人与目标的差距,即充分认识自己,并在制订措施时针对存在的差距和不足采取相应的措施。

行动起来,才能有所改变。

行家观点

思政小课堂

　　直面困难、攻坚克难，这既是一种意志品质、价值追求，也是一种责任担当、工作作风。在学习和工作中，遇到困难和挫折时，要敢于承认困难、分析困难，向困难做斗争，排除万难争取胜利！这一精神应体现在做好每一件小事、完成每一项任务、履行每一项职责中。

  课后拓展

针对职业目标，我所制订的措施有哪些？请填写在表 3-4-1 中。

我 制 订 的 措 施　　　　　　表 3-4-1

近期措施	
中期措施	
远期措施	

任务五　职业目标的评估与调整

一　评估与调整的意义

　　计划往往赶不上变化，这要求我们时刻要做好职业目标的评估与调整。评估与调整是对自我能力、自身条件和发展机遇的重新评估，并对各阶段的目标和采取的措施进行调整。

调整职业规划很具有必要性，主要原因有如下两方面。

（1）应对外部环境（如家庭环境、学校环境、社会环境）的变化，其中社会环境变化包含就业市场需求、行业发展趋势、用人单位需要、新的发展机遇的出现等。

（2）适应自身的变化，如知识水平、职业素养的提高，社会阅历和工作经验的增加，思考问题能力的提高等。

评估与调整方案需关联性强、操作性高，并可顺利执行。

二 评估与调整的方法

通过对实际情况和目标的实现程度分析，做好职业目标的评估、修改和调整，重新制订适合自身发展的职业目标，具体的评估调整步骤如图 3-5-1 所示。只有这样，才能确保职业规划的可行性，最终实现既定的职业目标。

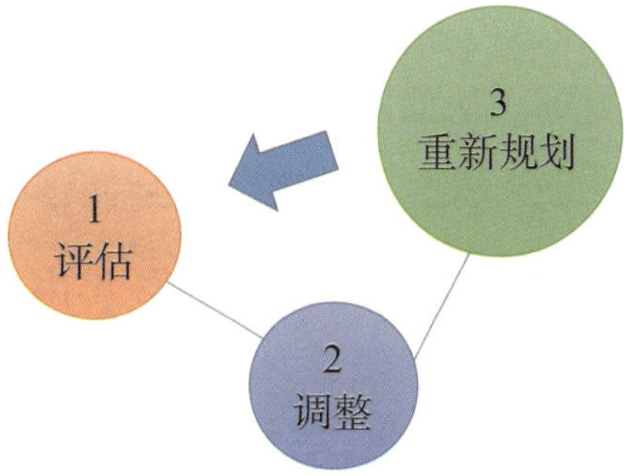

图 3-5-1　评估调整步骤

1. 职业目标的评估

职业生涯规划是一个动态的过程，需要根据实施结果及变化进行及时地评估、修订和调整。对于在不同时期所制订的目标和所采取的措施，应该有明确的评估方法和时间点，用来定期检查在不同时期所制订的目标和所采取的措施是否适合，完成情况是否达到设计预想，有无偏差，是否需要做出调整等。

一般情况下，针对职业目标制订具体的实施计划，并在各计划的既定时间节点进行评估，从而积极修正和核查计划的实施情况。

2. 职业目标的调整

结合职业目标的评估结果，适时调整职业规划，有助于顺利达成职业目标。一般可采取以下四个步骤来调整职业目标。

（1）重新剖析自身条件；

（2）重新评估发展机遇；

（3）修正职业生涯目标；

（4）修订职业发展措施。

三 职业目标评估与调整的案例

1. 近期目标的评估与调整

从现在起到毕业时，同学们在经过系统化专业知识的学习、企业岗位实习锻炼后，对自己的认知更加清晰，对自己所学的专业和对口行业也有了较为全面的理解，同时通过对工作情况和工作环境进行评估，会对自己的工作方向有更清晰的认识和理解，此时应适时调整目标和相应的措施。

比如：自己应该补充哪些知识才能更好地适应工作岗位的要求，自己要应怎么做才能更好地融入集体，如何才能快速提高自己的综合职业素养和专业能力等。从而对自己设想的工作方向进行适当调整。

2. 中期目标的评估与调整

毕业后在企业工作 5 年内，同学们经过长时间工作，熟悉了工作业务并积累了丰富的经验，岗位能力、综合能力得到全面的锻炼，也对企业的工作流程和相关要求较为熟悉，有机会成为企业基层骨干或基层管理人员。此时，对自己的岗位有了较为深入的理解，同时通过对工作情况和发展环境进行评估，会对自己的职业方向和发展存在的问题有更清晰的认识和理解，此时应适时调整目标和相应的措施。

比如：自己更擅长于从事哪些工作，更适合在什么类型的企业工作，或者更适合在什么地区工作和发展等。从而对自己的职业发展目标进行适当调整。

3. 远期目标的评估与调整

毕业后在企业工作 10 年内，同学们经过综合、全面的工作，不仅对基层业务工作非常熟悉，对企业工作相关的综合管理能力有深入的认知、锻炼和提高，有机会成为企业中层骨干或管理者。此时，对自己的职位有了较为深入的思考，同时通过对工作情况和发展环境进行评估，会对自己的职业发展和存在的问题有更明确和清晰的认识和理解，此时应适时调整目标和相应的措施。

比如：自己在哪些领域能进一步突破，更适合在什么区域、企业和岗位发展等。从而对自己的职业发展目标进行适当调整。

中篇 / 项目三 职业规划

结合实际情况的变化，适时调整，是为了更好的达成目标。

行家观点

思政小课堂

精益求精是工匠精神的核心内涵，也是从业者的一种职业价值取向和行为表现。精益求精，就是坚持关注每一件产品每一个工作的质量，不辞辛苦追求完美，也就是把简单的事情重复做，把重复的事情精致做！习近平总书记也提出要在全社会弘扬精益求精的工匠精神，激励广大青年走技能成才、技能报国之路。

课后拓展

我的职业目标和制订的措施，是否能达成？如果需要调整，应在哪些方面进行调整？

_____

_____

实践任务三

　　通过本项目的学习，我们对职业规划有了系统的了解，知道从自我认知、行业发展路径、目标设定、计划措施制订、评估与调整五方面来开展职业规划。请你结合自身实际情况，制作一份从现在到参加岗位实习前的职业规划行动计划书。

行 动 计 划 书

前期目标：

前期措施：

评估与调整的方案：

中期目标：

中期措施：

评估与调整的方案：

远期目标：

远期措施：

评估与调整的方案：

学习评价

"职业规划"项目目标达成度评价表

项目	评价内容	评分		
	内容	配分（分）	得分（分）	批注
知识学习（40%）	有进行较好的预习	5		
	能叙述职业规划的目的和作用	10		
	能叙述职业规划的五个方面	10		
	能简单叙述汽车服务业实习生的成长过程	15		
课堂参与（30%）	认真听讲，课堂表现良好	10		
	能参与课堂的提问、讨论，进行良好互动	10		
	能进行思考，并完成书本中的练习题	10		
实践任务（30%）	能按要求完成学习实践任务	20		
	能进行学习分享	10		
学习状态自我评价	○非常优秀　○比较优秀 ○有待改进　○急需改进	自我评价得分		
教师总体评价		总体评分		

项目四 目标企业的确定

中职生在参加应聘面试之前,应该先充分分析各种因素,明确自己期望到什么样的企业进行岗位实习,以便在面试前做好心理准备和行动准备。

学习目标:

(1)了解企业招聘实习生的目的、要求和标准;
(2)叙述参加岗位实习的目的和意义;
(3)能分析出自己的求职意向;
(4)能进行目标企业确定。

学习课时: 4学时。

案例情景

李同学家住粤西某市,家庭经济情况一般。他目前已经是中职汽车运用与维修专业二年级的学生,即将参加岗位实习。

他家人希望他能去一线城市学更多的汽车维修技能,以后能有较好的发展。学生个人也有这个想法,他还非常想学某个汽车品牌的技术。

这时,学校发布了两条招聘信息:第一条是某一个汽车品牌的珠三角地区(包括一、二、三线城市)的十多家4S店准备来校举办招聘会,准备招一批机电维修实习岗位的实习生;第二条是广州市有几家汽车综合维修厂准备来校招聘一批机电实习生。

如果你是李同学,你将如何做选择?为什么?

案例导学

这么多公司来校招聘,我肯定选择大城市的豪华品牌公司,在进入公司之后肯定待遇高、发展好。

中篇 / 项目四　目标企业的确定

　企业选定可不能这样子作决定，我们每个人适合的企业不一样，需要慎重选择。

　我父母说希望我留在一线城市，我自己也觉得是这样，而且应该选择豪华品牌企业，这样平台够大，待遇也好，至于哪一家，我觉得只要是豪华品牌，都可以。

　每家企业都有自己的文化和价值观，我们需要充分了解，并结合自己的情况进行选择，否则有可能会错过最佳的入职机会。

　那我应该了解哪些呢？我现在学校，没办法到企业进行直接了解。

　没关系，跟着老师，一起开启学习吧。如何选择合适的企业，我们需要学习以下内容。

（1）企业的认知；
（2）理解参加实习的目的和"个人取向"；
（3）确定目标企业。

任务一　企业的认知

一　企业的规格

随着我国汽车保有量的不断增加，汽车服务业的运营条件和管理标准也不断提高，车主消费理念和维权意识逐步提升，行业内企业经营竞争日趋激烈，各企业不断强化经营管理能力，努力打造良好的企业文化，提升企业的综合竞争力。在这一过程中企业出现了分层分类，具体可以划分为三个层次，如图4-1-1所示。

一流企业做：文化
二流企业做：品牌
普通企业做：产品

图 4-1-1　企业规格的划分

二 企业文化

1. 企业文化的概念

企业文化是指企业在实践中，逐步形成的为全体员工所认同、遵守、带有本企业特色的价值观念、经营准则、经营作风、企业精神、道德规范、发展目标的总和。

企业文化是个体在某个特定企业环境中的行为方式。

企业文化是为企业的生存和发展服务的，因此企业运作的特征也在企业文化上有所表现。

2. 企业文化的层面

企业文化可分为两个层面。

（1）表层的企业文化是企业的形象。

（2）深层的企业文化是价值观和企业精神。

3. 如何感受企业文化

我们可以从以下五个方面来感受企业文化。

（1）对企业形象的感觉：企业的知名度与美誉度，在公众中的形象。

（2）对企业精神和凝聚力的感觉：员工的相互了解和沟通，协作与团队精神的氛围。

（3）对企业激励机制的感觉：员工的积极性及事业成就感。

（4）对企业的学习气氛的感觉：学习气氛在企业内的认同和执行。

（5）对企业管理者的感觉：企业管理者的人格魅力和号召力。

三 企业招聘实习生的主要目的

企业招聘实习生的主要目的是：为企业储备工作人员。

企业招实习生的人数一般比企业实际需要的人数要多，这样一方面可以预留一部分人，便于淘汰不合适的实习生，另一方面可以让实习生之间形成竞争状态。

对于不合格的实习生，企业不会对其继续进行重点培养，甚至要求其离开企业。

四 企业选择实习生的要求和标准

企业在招聘或取舍中职实习生时,会根据本企业的实际经营和发展需要,以及企业的用人机制,多方面地去考虑。其中,企业最看重的是实习生的心态是否积极向上。

此外,实习生的基本素养和专业基本技能也是企业评价的重要参考内容。所以,中职生在校学习过程中就要树立起良好的职业心态,养成良好的职业素养。

1. 职业素养认知

1)职业素养的理解

职业素养是指职业内在的规范和要求,是在职业过程中表现出来的综合品质,包含职业道德、职业技能、职业行为、职业作风和职业意识等方面。职业素养的概念很宽泛,其中专业是第一位的,但是除了专业,敬业和道德是必备的。职业素养是人类在社会活动中需要遵守的行为规范。个体行为的总和构成了自身的职业素养,职业素养是内涵,个体行为是外在表象。职业素养是一个人职业生涯成败的关键。

2)职业素养的三大核心

(1)职业心念。"职业心念"是职业素养的核心,是对个人职业的认识和看法。良好的职业心念如图4-1-2所示。

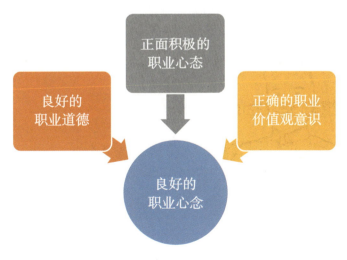

图 4-1-2 良好的职业心念架构图

图 4-1-2 所示的三个方面是一个成功职业人必须具备的核心素养。良好的职业心念是由爱岗、敬业、忠诚、奉献、正面、乐观、用心、开放、合作及始终如一等这些关键词组成。

（2）职业知识技能。职业知识技能是做好一个职业应具备的专业知识和能力。

（3）职业行为习惯。职业行为习惯是职场上通过长时间不断地学习、不断地改变、逐步形成的一种行为做法，最后变成行为习惯的一种职场综合素养。

2. 企业方要求实习生应具备的专业技能

企业重点关注实习生应具备的三方面专业技能见表 4-1-1。

实习生应具备的专业技能　　　　　　　表 4-1-1

应具备的专业技能	重　点
专业基础理论知识	汽车各系统、总成的结构和工作原理
规范工作能力	（1）合理使用工具的能力； （2）身体动作的规范性
学习提高能力	（1）接受他人指导的学习能力； （2）自学能力； （3）独立思考能力

3. 学生应理解的重点

"心念"可以调整，技能可以提升。要让正确的心念、良好的技能发挥作用就需要不断地学习和练习，直到成为习惯。

知己，还得知彼。充分了解企业需求，才能更好的选择企业。

行家观点

中篇 / 项目四　目标企业的确定

思政小课堂

　　信息获取能力是指能从多种渠道获取所需的信息，如通过网络、行业人员、家庭成员、校友等获取相关信息的能力。信息获取能力，已经成为社会生存的必备的能力之一，具备良好的信息获取能力，有助于学生充分获取企业相关信息，并进一步了解必要的企业情况。

课后拓展

　　（1）选定一家你意向的企业，通过网络查询或到店参观的方式，看看这家企业的企业文化和特征是怎样的？

　　_____
　　_____

　　（2）通过网络访问一家企业的官方网站，查看该企业的介绍，并从介绍中找出三个以上的企业文化关键词，并记录下来。

　　_____
　　_____

任务二　理解参加实习的目的和"个人取向"

一　理解参加岗位实习的目的和意义

　　中职生参加岗位实习的目的有四方面，如图 4-2-1 所示。

1	按学业要求完成对口岗位实习的学习任务，取得足够学分，顺利毕业
2	在岗位实习阶段通过现场实践，巩固和提高所学的专业知识和专业技能
3	通过参加实习加深对行业和岗位的理解和认识，获得相关社会工作经验
4	为毕业后的职业发展打下基础

图 4-2-1　参加岗位实习的目的

二　参加岗位实习的个人取向

到底选择什么样的企业参加岗位实习，甚至就业，实习生应从表 4-2-1 所示的四个方面，并结合自己的喜好、各种优劣势来确定目标企业。

岗位实习个人取向的四方面　　　　　　　　表 4-2-1

方向领域	具体含义
工作待遇	是指企业为获得职工提供的服务而给予的各种形式的报酬以及其他相关福利。 通常包括：工资、奖金、补贴及国家规定的社会保险费和职工教育经费，以及是否提供食宿、年假等。 注意：对于中职实习生而言，在企业里通过实习工作而获得的报酬应属于"实习补贴"，而不是"工资"。
工作环境	一方面是指工作的地理环境和企业的硬件设施，例如企业的周边环境，交通条件和气候情况以及企业的场地条件和设备工具等。 另一方面是指工作中的人文环境，比如企业的管理模式、团队的合作精神、企业文化的好坏与否等。 实习生如果在一个积极向上、和谐共进的群体里，他也容易激发出更高的工作热情
发展空间	个人职业发展空间的大小，主要受企业的发展前景是否广阔、个人职业能力提升机会的大小、岗位晋升机会的大小以及企业的员工发展体系和企业文化是否良好等方面影响。 如果实习生在一家发展前景很好、企业文化也很好的企业里积极工作，他的个人发展空间一般也是较好的

续上表

方向领域	具体含义
学习机会	可理解为有利的学习条件和学习环境。 如果实习生在一个具有较多机会提升专业技能、具有良好学习环境的企业参加实习工作，只要其能够积极努力地去学习，他的职业能力（包括专业技能和职业素养）提升速度往往会更快

选定企业时，个人取向往往需更理性。尝试着和家人、老师聊一聊。

行家观点

思政小课堂

学习能力是指同学们在学习、工作或其他活动中所需具备的心理特征之一，是顺利完成学习活动的各种能力的组合，包括感知观察能力、记忆能力、阅读能力、解决问题能力等。学习能力是终生都必须具备的能力之一，也是助推学生发展的重要能力之一。

课后拓展

我对个人取向的四个方面的重要程度排序是？为什么？

（1）工作待遇是第____位；

原因是：_____

（2）工作环境是第____位；

原因是：_____

（3）发展空间是第____位；

原因是：_____

（4）学习机会是第____位；

原因是：_____

任务三　确定目标企业

以怎样的思路和方法确定个人的目标企业？我们针对李同学的案例，从自我认知、希望从事的岗位、适合的企业类型、适合的工作地区四个步骤进行分析，具体分析方法见表4-3-1。

确定个人目标企业分析表　　　　　　表4-3-1

步骤	思考内容	关　键　点	李同学的情况	结　　论
1	自我认知	我的个人特点、喜好、所学专业、学习能力、学习成绩、家庭背景等	在汽车类中职学校汽车维修专业学习，喜爱维修，家庭条件一般	适合汽车维修服务行业
2	希望从事的岗位	自己的专业知识和性格特点符合哪个岗位的需求	机电维修岗位	机电维修岗位
3	适合的企业类型	自己的职业愿望、特长优势、学业成绩、各类企业的竞争激烈程度、自己在哪类企业最具有竞争力	非常想学某个汽车品牌的技术	某品牌的4S店
4	适合的工作地区	自己的意愿、选择目标城市的有利因素和不利因素、自己在哪种地区工作最具有竞争力，如特定的一、二或三线城市	一线城市	一线城市（如广州或深圳）

依据每个步骤的关键点，从案例中找出相应的描述，最后得出结论。

李同学最终选定的目标是选择去广州或深圳的某品牌4S店的机电维修岗位进行实习。

中篇 / 项目四　目标企业的确定

并非所有人都适合选择去某一家企业。选定很关键。

行家观点

思政小课堂

服务意识 是指企业全体员工在与一切企业利益相关的人或企业的交往中，所体现的为其提供热情、周到、主动的服务的欲望和意识。即自觉主动做好服务工作的一种观念和愿望，它发自服务人员的内心。在汽车服务行业中，各个岗位都必须具备良好的服务意识，才能达到企业的需求。

课后拓展

（1）了解并列出三家目前在汽车服务行业里，企业文化影响力比较大的企业。

① _____
② _____
③ _____

（2）选定目标企业时，应着重从哪些方面考虑？

_____
_____

 实践任务四

通过本项目的学习,我们了解了如何进行目标企业的选定。带着所学的知识,请你认真思考,制作一份个人目标企业确定分析表。

个人目标企业确定分析表

步骤	思考内容	关 键 点	我的实际情况	结 论
1	自我认知	我的个人特点、喜好、所学专业、学习能力、学习成绩、家庭背景等		
2	希望从事的岗位	自己的专业知识和性格特点符合哪个岗位的需求		
3	适合的企业类型	自己的职业愿望、特长优势、学业成绩、各类企业的竞争激烈程度、自己在哪类企业最具有竞争力		
4	适合的工作地区	自己的意愿、选择目标城市的有利因素和不利因素、自己在哪种地区工作最具有竞争力,如特定的一线、二线或三线城市		

学习评价

"目标企业的确定"项目目标达成度评价表

评价内容		评　　分		
项目	内容	配分（分）	得分（分）	批注
知识学习（40%）	有进行较好的预习	5		
	能简述企业选择实习生的目的、要求和标准	10		
	能叙述参加岗位实习的目的和意义	10		
	能分析参加岗位实习的个人取向	15		
课堂参与（30%）	认真听讲，课堂表现良好	10		
	能参与课堂的提问、讨论，进行良好互动	10		
	能进行思考，并完成书本中的练习题	10		
实践任务（30%）	能按要求完成学习实践任务	20		
	能进行学习分享	10		
学习状态自我评价	○非常优秀　○比较优秀 ○有待改进　○急需改进	自我评价得分		
教师总体评价		总体评分		

项目五

面试技能的掌握

面试是用人单位为直观了解应聘者的基本信息、素质、工作目的及工作欲望而采用的常用选人方式，也是反映应聘者能力的一种重要手段。面试是用人单位与应聘者相互了解和相互选择的过程，为了确保面试顺利有效，应积极进行面试准备。

学习目标：

（1）理解面试的目的和意义；
（2）能描述面试的主要形式；
（3）掌握面试的流程和基本技能；
（4）能制作求职简历。

学习课时：6学时。

案例情景

在岗位实习前，学校会邀请企业到校举行招聘会。

李同学希望通过招聘会得到意向企业的录用。为了能顺利被企业录用，他有些不安，因为他不知道应该做哪些准备，才能被意向企业录用。

如果你是李同学，在参加招聘会之前，应做哪些准备？如何准备呢？

案例导学

 参加招聘会，终于有机会和我想去的企业的领导见面了，我一定会被录用。

 很好，有明确的目标，祝你成功。对了，你已经做好针对性的准备工作了吗？

 准备？参加招聘会要做准备？是准备一套帅气的服装吗？

中篇 / 项目五　面试技能的掌握

　不仅仅哦！参加招聘会的目的，是为了能让用人单位快速了解你，并初步认定你适合企业的人才培养要求。因此要做足准备，才能留给面试官最好的印象。

　那应该做哪些准备呢？麻烦大了，我都不知道准备什么、怎么准备。

　既然如此，那就应该尽快开始，要先了解面试的目的意义、有哪些面试的形式，然后做好简历，以良好的面试的技能，参加招聘会。

> 💡 **想一想**
>
> 面试的目的是：_____。
>
> 举例说明，良好的第一印象是：_____。

　原来需要做这些准备，那如何进行准备呢？

　跟着老师，一起开启学习吧。为了做好准备确保面试成功，我们需要学习以下内容。

（1）了解面试的意义和主要形式；
（2）掌握面试基本技能；
（3）制作求职简历。

任务一　了解面试的意义和主要形式

一　面试技能的重要性

就业竞争激烈，找到理想的职位不容易。

理想的企业岗位总是供不应求。面试时表现好坏与否，直接影响招聘人员对你的印象和取舍。所以，学习面试技巧，提高面试能力非常重要。

二 面试的主要形式

1. 线下面试（现场面试）

线下面试（现场面试）的形式有多种，常见的形式有如下方面。

有一个面试官对一个应聘者（图5-1-1a），也有二对一（图5-1-1b）、多对一（图5-1-1c）和多对多（图5-1-1d），也有小组讨论、情景模拟游戏等其他更丰富的形式。

a)一对一的面试

b)二对一的面试

c)多对一的面试

d)多对多的面试

图5-1-1 不同的线下面试形式

无论采用何种面试形式，都是围绕考核应聘者的素质是否符合所招聘岗位的要求而展开的。

2. 线上面试

线上面试就是用人单位与求职者利用互联网，并借助摄像头和耳麦开展语音、视频、文字等即时沟通交流的方式，来开展招聘面试的行为，如图5-1-2所示。

图 5-1-2　线上面试的场景

线上面试一般按照如下的流程进行。

（1）求职者根据企业单位的招聘信息，报名线上面试并投递简历。

（2）等待用人单位反馈面试时间，用人单位一般会通过电话、邮箱等方式与求职者约定在线面试时间。

（3）用人单位和求职者通过摄像头和耳麦进行语音文字和视频等的即时沟通交流，进行线上面试。线上面试内容一般包括自我介绍、工作履历交流、开放问题交流等。用人单位面试官在与求职者线上交流的过程中，考察其经历真实性、专业能力和职业态度等多维度情况。

（4）求职者等待面试结果。用人单位一般会以电话等形式通知求职者面试结果。

三　现场面试的基本流程与要求

现场面试的常见流程与要求如下。

（1）应聘学生在面试室门外静候，如图 5-1-3a）所示。

（2）应聘学生当听到室内面试官喊"请下一位"后，敲两下面试室门（敲门声音大小以面试官能听到就合适，不要太大），如图 5-1-3b）所示。

（3）应聘学生当听到室内面试官喊"请进"后，轻轻推开面试室门，看到面试官后应先向面试官点头示礼，并站定向两位面试官问好，随后侧身把门轻轻关好，如图 5-1-3c）所示。

（4）应聘学生走到面试官桌前和应聘座椅旁的地方站好后，双手拿着自己的简历递给其中一位面试官，并说："您好！这是我的简历"，如图 5-1-3d）所示。

（5）面试官接过简历后让学生坐下时，应聘学生应首先有礼貌地说"谢谢"，接着侧身用双手把椅子提起摆到合适的位置轻轻放下，然后端坐在面试官前，两眼自然地看着面试官，准备回答面试官的提问，如图5-1-3e）所示。

（6）面试官提出问题后，学生在回答问题前应有合适的承接语句，比如"好的""这个问题我是这样认为的"等。

（7）应聘学生在回答面试官的问题过程中应注意保持良好的精神面貌、有礼并得体的身体动作和语言，如图5-1-3f）所示。

（8）当面试官说出"可以了，面试先到这"等这类面试结束的话语后，应聘学生应先向面试官说"谢谢"后再站起来，侧身用双手把椅子提起摆到原来的位置轻轻放下，并重新站好向两位面试官礼貌地说"谢谢"，以对面试官给予的面试机会表示感谢，如图5-1-3g）所示。

a)

b)

c)

d)

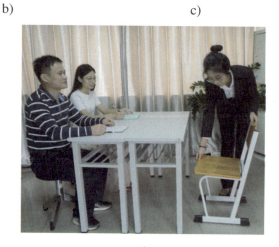

e)

图 5-1-3

中篇 / 项目五　面试技能的掌握

f)

g)

图 5-1-3　面试的基本流程

（9）随后转身走出面试室，轻轻把门关好。

同学们也可以扫描二维码，获取面试技能教学视频资源。

行家观点

面试官对面试者的印象建立，从见面开始，到离开面试官的视线才结束。

面试技能

思政小课堂

　　个人印象中，诚信友善是重要的印象之一，也是社会主义核心价值观的内涵之一。诚信，是指诚实、诚恳、信用，即以诚待人、取信于人，成为一名可信的人；友善，是指善待他人，以友善之情、发扬友善互助精神。在汽车服务业中发展，应将诚信友善作为立身之本和必备的道德品格。

083

课后拓展

如果你是面试官，你认为能从面试流程中了解到应聘者有哪些特点？

任务二　掌握面试基本技能

一　克服面试时的紧张与焦虑

1. 心态要稳定

面试时，竞争十分激烈，不仅是知识的比拼，也是心理的较量，面试时不紧张、心态放松很重要。

2. 准备要充分

准备充分是解决过度紧张最有效的方法，准备越充分成功率越大。面试的准备，包括清楚招聘方的信息及招聘岗位的情况，做好针对性的自我介绍的预演，对有可能问到的专业知识和技能做好准备等。

3. 语速要稍微放慢

在面试中，应聘者会因紧张而使说话速度变快，而这又会加重紧张，由此进入恶性循环。如果故意稍微放慢说话的速度，既可以减轻紧张情绪，也可观察面试官的状态，更重要的是可以让面试官听清楚你的话语，以便给面试官留下深刻的印象。但也不要故意将语速拖得太慢，这样会让面试官觉得不自然。

二　知道面试官想了解应聘者的信息

面试官希望通过面试重点了解应聘者的信息有以下九个方面。

（1）基本信息（约 1min 时间的自我介绍）；

（2）身体、精神、礼仪状态；

（3）语言表达能力；

（4）责任心、主动性、服从性、执行力；

（5）团队协作的能力；

（6）解决问题的能力；

（7）应变处理的能力；

（8）学习新知识的能力；

（9）专业基础知识和技能。

三　尽量多地了解招聘方的信息

面试官很希望了解应聘者对所应聘公司以及岗位的熟悉和关注程度，以及应聘的原因。应聘者应提前做好充分的准备，了解招聘方的情况（过去、现在和发展趋势），并对所应聘的公司和岗位情况了解得越多越好。其好处有：容易取得面试官的好感；若被录用，可以缩短自己对企业适应期，提高工作稳定性。

四　提高"自我介绍"的能力

1. 做好"自我介绍"的重要性

在面试开始时，应聘学生一般先在面试官面前做简短的自我介绍，如果自我介绍的内容有条理、有重点、有针对性地表达出应聘学生的学习生活情况、实习愿望和求职心态，并且表达流畅，那么应聘学生就较为容易获得面试官的好感，从而增加被录取的机会。所以，做好"自我介绍"非常重要。

2. 进行自我介绍的目的

面试官一般都会请应聘学生作约一分钟的自我介绍，目的有以下方面。

（1）了解应聘学生的基本信息。包括学生在校的学习和生活情况，比如了

解学生所学习的专业内容、学习成绩、获奖情况、是否是学生干部、是否参加过社会实践，以及学生的年龄、籍贯和家庭情况等基本信息。

（2）了解应聘学生参加本企业面试的欲望和态度。主要了解学生是否积极做好就业前的心理准备，是否了解本企业的情况，是否期待在本企业进行实习。

（3）了解应聘学生的语言组织和表达能力。主要了解学生的"自我介绍"是否有条理、有重点、有针对性，学生能否更有效地向面试官介绍自己的学习生活情况、实习愿望和求职心态。

3. "一分钟自我介绍"的主要内容

一般包括四个部分。

（1）自我信息的介绍（约10s），例如自己的年龄、籍贯、所学专业、学习情况、业余爱好、家庭情况等。

（2）自己在校的优势介绍（约20s），例如是否参加了社团、是否是学生干部、是否参加过社会实践、获得的奖励和荣誉等。

（3）自己选择企业的欲望（约20s），介绍自己参加该企业面试的原因，表达到该企业实习的欲望。

（4）自己的决心（表态）（约10s），向面试官表明态度，如若能被该企业录用，自己今后将如何做好实习期的工作或以后正式工作时将要怎样做等。

4. 提高"一分钟自我介绍"质量的有效方法

在准备"一分钟自我介绍"时，可以采用以下方法来提高准备的质量。

（1）根据招聘企业的情况，编写一份能在一分钟内用正常语速说完的自我介绍。

（2）熟读并背下自我介绍。

（3）对着镜子练习，自然地说出自我介绍。

（4）找位同学当面试官进行自我介绍练习，直到能带有表情地作自我介绍。

五 面试时要注意的身体语言

面试时要注意的身体语言，请结合表5-2-1提出的注意点进行分析。

面试时注意的身体语言注意事项表　　　　表 5-2-1

注意的事项	你 的 理 解
（1）保持礼仪	
（2）精神集中	
（3）体现热衷	
（4）双眼注视	
（5）有问必答	
（6）表达真诚	

（1）如图 5-2-1、图 5-2-2 所示，两位学生面试时的身体动作较为适合。

图 5-2-1　男生面试姿态

图 5-2-2　女生面试姿态

在图 5-2-1、图 5-2-2 中，两位同学面试时的坐姿和表情能体现出应聘者良好的精神面貌，给人以有礼、真诚的感觉。男同学双膝双腿正放可略分开但窄于肩宽，两臂自然弯曲放在膝上掌心向下。女同学双膝双腿并拢侧放，两臂自然弯曲双手相握置于腹部，掌心向内。

（2）请对图 5-2-3 中的三位同学面试时的身体动作的缺点进行分析，并填写图片下的方框内。

a)

b)

c)

图 5-2-3 面试过程中容易出现的三种不良姿态

缺点	缺点	缺点

六 面试时要注意的应答语言

面试时要注意的应答语言，请结合表 5-2-2 提出的注意点进行分析。

面试时注意的应答语言注意事项表　　　　表 5-2-2

注意的事项	你 的 理 解
（1）言语礼貌	
（2）承接完整	
（3）语音适中	

续上表

注意的事项	你的理解
（4）语速忌快	
（5）表达清楚	
（6）言语真诚	
（7）恰如其分	

七　面试官在面试中的常见提问

面试官会根据应聘者的求职简历和自我介绍进行深入地提问，提问的内容和关注的重点主要涉及学生在校学习和生活情况、学生的家庭情况、学生的基本素质、性格特点、专业知识和技能、职业认知、职业规划、从业心态和工作欲望等。

实操练习：

面试官提问的内容可能会出现以下问题，请回答。

（1）你为什么到我们公司面试？

_____

_____

（2）你是如何了解到我们公司？

_____

_____

（3）对你的优势或特长进行解释。

_____

_____

（4）你认为实习生的主要工作内容是什么？

_____

_____

（5）你如何看待实习期内做洗车工或前台迎宾工作？
_____
_____
_____

（6）你希望自己 3~5 年之后做什么？
_____
_____
_____

（7）你期望的收入是多少？
_____
_____
_____

（8）列举若干专业基础理论知识。
_____
_____
_____

（9）请问你有没有什么问题要问？
_____
_____
_____

做好充分的准备，并进行调整和完善，争取越做越好。

行家观点

思政小课堂

　　面试交流过程中，情商也非常重要。情商是指情绪商数（Emotional Quotient，EQ），即情绪、意志、性格、行为习惯组成的商数，主要是指人在情绪、意志、耐受挫折等方面的品质。情商的高低已经是决定人生成功与否的关键之一，同学们应学习并努力提升这一能力。

课后拓展

如果你是面试官,你认为能从面试流程中了解到应试者(学生)哪些特征?

_____

_____

结合自己的实际情况,根据下面的提示,制作一份自我介绍,并能在不看文稿的情况下,流畅地讲出来。

自 我 介 绍

(第一部分)自我信息的介绍

(第二部分)自己在校的优势介绍

(第三部分)自己选择企业的欲望

(第四部分)自己的决心(表态)

任务三　制作求职简历

一　求职简历的作用和意义

求职简历是求职者获得工作机会的敲门砖,是用人单位了解应聘者的重要资料。

制作一份优秀的求职简历,会使你在求职过程中,更能在众多的竞争者中突显出与众不同的吸引力,更容易打动用人单位和面试官。

二　个人简历与求职简历的区别

个人简历与求职简历有以下区别。

(1)个人简历是反映求职者的个人身份、学历、工作履历和爱好特长等客观情况的简要叙述。特点是没有明显的针对性。

(2)求职简历是求职者将自己与所申请职位紧密相关的个人信息,经过分析整理并清晰简要地表述出来的求职资料。特点是有很强的针对性;

(3)个人简历≠求职简历。求职时采用的是求职简历。

三　求职简历的制作形式

求职简历的制作有多种多样的形式,如表格式、提纲式和个性化式(如采用视频、广告和名片)等。而对于中职生来说,常用的是表格式,特点是简单、易看。

四　求职简历封面的设计

好的求职简历的封面,可以给面试官好的第一印象,除了简洁大方之外,还需根据不同用人单位和岗位所关注重点内容的不同,制作相应的求职简历封面,如应聘公司的照片、专业知识的抽象画等,以表达出你的专业特点和取向。

五 求职简历的编写

要针对所应聘的用人单位和岗位来编写相应的求职简历，简历内容要简练、有针对性，自己的专业特长要突出，一份完整的求职简历应包含表 5-3-1 所示的内容。

求职简历包含的主要信息　　　　　　表 5-3-1

信息类型	内容要求
基本信息	主要包括姓名、性别、年龄、籍贯、民族、学历、政治面貌、联系地址、邮编、联系电话等基本个人信息
学习经历	详细描述自己接受教育的经历，如学校名称、专业以及在校的表现，包括担任过的职务、参加过的社团、社会活动及获奖情况等
培训经历	详细填写培训时间、培训机构、培训课程、获得证书等
自我评价	主要是根据所应聘的用人单位和岗位所看重的方面，对自己进行简短地评价，应该简明扼要地说明你具备的优势
求职意向	说明自己所期望工作的地点、行业、公司及岗位等
证书资料	列出自己获得的各类证书，展示自己多方面的专业技能
附加信息	展示自己的特长和兴趣爱好等

六 求职简历制作编写案例说明

1. 求职简历封面制作的基本要求

（1）有学校的元素，如图 5-3-1 所示。

（2）封面名称（求职简历）。

（3）含有所求职单位的元素（如该单位的经营理念或图片等）。

（4）有求职者的信息和求职的岗位。

2. 求职简历内页制作的基本要求

求职简历内页，要求简洁明了，让面试官比较容易看清求职者的信息内容，如图 5-3-2 所示。

3. 求职简历佐证资料

佐证资料包括有：在校获得的各种奖状、证书以及毕业生推荐表等纸质文件或复印件。

图 5-3-1　求职简历封面

求职简历					
求职意向					
姓名		性别		出生年月	照片
籍贯		民族		政治面貌	
毕业院校				所学专业	
家庭住址					
联系电话				邮箱	
教育背景					
主修课程					
证书及获奖情况					
社会实践					
求职意愿					

图 5-3-2　求职简历内页信息

行家观点

制作精良的简历，可以赢得面试官良好的第一印象。

思政小课堂

　　追求卓越，关注细节，即用积极的行动争取达到优秀的状态。在简历制作和其他个人发展过程中，追求卓越才能制作出代表自己的优良作品，这既是职业工作的内在要求，也是个人成长的必然选择。

课后拓展

（1）在参加招聘会面试前，我应该做好哪些方面的准备？

（2）怎样才能提高面试中"自我介绍环节"的质量？

 实践任务五

　　通过本项目的学习,我们对求职的方式、方法以及应具备的能力有了系统性的认知,也能开展面试前的准备。请你结合自身实际情况,完成以下内容:

　　(1)结合自身情况,制作一份个人《求职简历》,模板自定,要求使用 word 格式。

_____
_____

　　(2)请结合意向企业和意向岗位,录制一个面试的"一分钟自我介绍"视频。

_____
_____

学习评价

"面试的技能"项目目标达成度评价表

项目	评价内容	评分		批注
	内容	配分（分）	得分（分）	
知识学习（40%）	有进行较好的预习	5		
	能叙述面试的意义和作用，了解面试的类型	5		
	能叙述面试前应开展的准备和应具备的能力	15		
	能叙述求职简历的作用，能制作求职简历	15		
课堂参与（30%）	认真听讲，课堂表现良好	10		
	能参与课堂的提问、讨论，进行良好互动	10		
	能进行思考，并完成书本中的练习题	10		
实践任务（30%）	能按要求完成学习实践任务	20		
	能进行学习分享	10		
学习状态自我评价	○非常优秀　○比较优秀　○有待改进　○急需改进	自我评价得分		
教师总体评价		总体评分		

项目六 企业的最终选定

由于汽车后市场不断扩大，汽车服务业也在不断地规范发展，大部分企业为了保证能持续发展，都会积极进行后备人才的补充和培养。

具有良好基本素质、基本汽车专业知识和基本实操能力的汽车服务类中职学生，将是汽车服务业最希望补充的储备人才。因此，汽车服务类中职学生参加企业招聘的机会较多，企业到中职学校举办招聘会的情况也越来越普遍，而学生同时被几家企业录用的情况也经常发生。如果在应聘过程中同时被多家企业录用，学生应如何最终选定最适合自己的企业呢？

学习目标：

（1）能对目标企业进行利弊分析比较；
（2）能结合个人和行业情况进行利弊分析比较；
（3）能最终选定企业。

学习课时： 2学时。

 案例情景

通过积极的准备，李同学在招聘会上，顺利得到了用人单位的认可，被企业录用。但李同学也遇到了难以抉择的情况，由于企业没有当面发布录用信息，面试了自己意向的三家单位，并且全部被录用了，他也不清楚应该选哪一家。

如果你是李同学，你认为应该怎样进行综合评估，确定自己最终选定的企业呢？

中篇 / 项目六　企业的最终选定

案例导学

　幸好准备充分，面试的企业全部通过了。

　恭喜恭喜，那得尽快选定自己想去的企业，然后准备好入职。

　可是，我也不知道该选哪一家？感觉哪一家都行。

　你可以结合自己的情况，有针对性地选择。并不是每一家企业都是适合自己的。

　那应该如何选择？抓阄还是抽签？

　不能这么随意，应该结合自己的情况、企业的情况、岗位的情况综合分析。

💡 **想一想**

有哪些途径可以进行分析？

　好的，那我是自己分析，还是问老师或者家长？

　跟着老师，一起开启学习吧。多问有益，你问的人也不一定了解这一行业，还是得自己搞懂，所以我们需要学习以下内容。
（1）分析比较目标企业的利弊；
（2）多种机会的选择。

任务一　分析比较目标企业的利弊

一　企业利弊分析的四个方面

在明确目标企业后，许多同学往往优先考虑报酬、福利待遇等。但在同一

099

行业内，相同岗位之间的差距并不大，更应该从以下四方面分析企业的利弊。

1. 企业的现状和发展前景

重点分析企业目前的运营情况是否良好，企业的发展前景如何。

2. 人员培养和用人机制的情况

重点分析企业员工的培训和晋升机制是否完善。是否存在人员流动较大、内部员工难以晋升等情况。

3. 人员的储备情况

重点分析企业各岗位的人员储备是否合理。如果储备人员过多，竞争相对激烈，就要考虑自身优势是否明显。

4. 企业文化的情况

重点分析企业的工作气氛、和谐程度以及员工的满意度是否良好。

二 企业利弊案例分析

1. 案例导入

在如上文所说，在一次企业来校举行的招聘会上，汽车运用与维修专业的李同学按照自己之前预定的目标实习单位群，参加了三家企业的面试。其中，第一家是很有影响力的汽车集团企业内的一个品牌4S店；第二家是运营多年的品牌4S店；第三家是新开的品牌4S店。

以上三家企业都确定录用李同学为机电维修实习生，而他只能选定一家实习企业。李同学通过认真思考，根据三家企业的具体情况进行分析比较，包括企业的现状和发展前景、用人和人员培养机制、人员的储备情况以及企业文化等，很快就选定了企业，顺利地到该企业实习。

李同学毕业后在企业里很快从学徒升为中工，几年后当上了机电组长。

2. 案例点评

李同学是如何快速选定最终企业的呢？我们可以根据案例用表6-1-1的样式来做分析。

企业选定分析表　　　　　　　　　　表 6-1-1

要素	思考内容	关　键　点	案例中的情况	结　　论
1	企业的现状和发展前景	目前的运营情况是否良好，企业前景如何	相比三家企业，汽车集团经营的抗风险能力和竞争力较强，综合发展潜力较大	汽车集团的4S店对实习生较为有利，其次是老店
2	人员培养和用人机制	企业员工的培训和晋升机制是否完善，是否存在人员流动较大、内部员工难以晋升等情况	汽车集团对集团内多家4S店进行统一管理，人员培养和用人机制相对完善，员工发展机会多	汽车集团的4S店对实习生较为有利，其次是老店
3	人员的储备情况	各岗位的人员储备是否合理（过多将对自己的晋升前景有较大压力）	都需要招聘6名机电实习生。相比三家企业，集团4S店相对合理些，因为可以作为集团的储备人员	汽车集团的4S店对实习生较为有利，以后被淘汰的风险相对低些
4	企业文化	企业的工作气氛、和谐程度以及员工的满意度是否良好	案例中的"很有影响力的集团"可以估计其企业文化应可以	汽车集团的4S店对实习生较为有利

根据分析表格比较，李同学很快选定了到汽车集团的品牌4S店实习。

行家观点

分析一家企业对自己的适合度，也可以用于反思自己的成长是否符合企业对自己的期盼。

思政小课堂

自律意识即自我管理、自我约束。严以律己，重在自重、自省、自律，强化自律意识，是学习、工作和生活中必备的素质和技能。汽车服务从业人员，应坚持自律，严格遵纪守法，遵循公司规定，坚守服务意识和工作质量意识，坚持学习，与时俱进。

课后拓展

（1）目前，汽车服务业中的汽车集团一般的管理架构是怎样的？有哪几种模式？

_____

_____

（2）汽车集团在对实习生的补充、培养和使用方面，一般的管理方式是怎样的？

_____

_____

任务二 多种机会的选择

一 多种机会选择的要点

学生在招聘会上往往会碰到不同的面试结果，有些是直接录用的机会，有些是需要二次面试的机会，并且这些机会常常是相互冲突的。面对这些不同的机会，需要充分分析，做出最符合自己的选择。这时主要从以下三方面来分析比较。

1. 自己的实际情况

如自己的学业成绩、综合素养、意愿、家庭情况等。

2. 招聘会上其他竞争同学的情况

如参与招聘的同学人数的多少，与自己相比他们能力的优劣等。

3. 行业用工需求情况

如后续是否还有相同的招聘企业来校招聘、本专业就业机会是否多等。

二 典型案例分析

1. 案例导入

陈同学是来自农村的孩子，性格有点内向，在学校就读汽车运用与维修专业，学习成绩优秀。在前几次校园招聘会上，他都面试失败了。陈同学总结失败原因，做了充分准备，并在这次学校举行的招聘会上，按照自己之前预定的目标实习单位群，参加了A、B、C三家企业的面试。其中，A企业是陈同学预想的第一目标企业；B企业是陈同学预想的第二目标企业；C企业是陈同学预想的第三目标企业。

在面试过程中，C企业的面试官当场确定招收陈同学，并希望他马上答复是否愿意，否则企业招满人就不要他了。B企业的面试官则对他说第二天才能确定是否录用他。A企业的面试官则对他说过两天需参加复试才能最终确定是否录用他，同时要他马上确认是否愿意参加两天后复试。

陈同学最想去的A企业，但却要等两天后参加复试才能确定，有可能招他，也有可能不招他，还要他马上确认是否参加复试。他第二目标的B企业要等第二天才能确定是否录用他，而第三目标的C企业确定录用他，但必须马上答复企业，否则招满人就不要他了。

面对这三种情况，陈同学陷入紧张的思考中。

2. 案例分析

这种案例情况在中职生参加企业招聘会的时候经常会遇到，我们现在以陈同学为例，来帮他分析，并给出选择建议，具体操作见表6-2-1。

分析和比较企业的方法　　　　　　　　表6-2-1

情况	选择	结果	有利的地方	不利的地方
1	马上答复同意去C企业	可以在C企业进行实习	确保能够在自己的第三目标C企业进行实习	放弃了在自己第一、第二两个目标企业进行实习的机会
2	明确不去C企业和A企业，等B企业的通知	放弃了在自己第一和第三目标企业进行实习的机会	保留了去第二目标企业实习的机会	没有十足的把握能进入第二目标企业进行实习

续上表

情况	选择	结果	有利的地方	不利的地方
3	明确不去C企业，等B企业的通知和A企业的复试	放弃了在自己第三个目标企业进行实习的机会	保留了可能在第二目标企业和第一目标企业进行实习的机会	没有十足把握能进入第一和第二目标企业进行实习
4	明确不去C企业和B企业，等A企业的复试	放弃了在自己第二和第三目标企业进行实习的机会	保留了有可能在自己首选的第一目标企业进行实习的机会	没有十足的把握能进入自己第一目标企业进行实习。如果没有被录用，则本次招聘会就没有被录用的可能
分析与比较	根据案例的情况，通过对表格内四种情况的选择所得出不同结果的分析，同学们可以清楚比较出四种选择所产生的利和弊。 我们再依据多种机会选择的三个要点，进行分析比较，发现陈同学具有以下特点。 （1）家庭条件一般，成绩优异，面试能力较弱。 （2）相比其他同学有学习成绩的优势，但同时性格内向，在沟通交流上存在劣势。 （3）本专业就业形势好，但陈同学已经经历多次招聘会的失败。 （4）C企业虽然不是陈同学的第一选择，但仍是他的目标企业之一。 结论： 建议陈同学选择C企业，直接获取实习机会			

各位同学，依据表6-2-1的分析方法，假设自己也遇到了这样的情况，你会做出什么样的选择呢？为什么？

行家观点

个人的成长应符合企业发展的需要和行业用工的需求。

中篇 / 项目六　企业的最终选定

思政小课堂

个人在选定并加入目标企业后，不仅需要职业能力，同时还需要有奉献精神，即把本职工作当成事业来热爱和完成，并在工作的点滴中寻找乐趣，努力做好每一项工作，形成良好的向善习惯，成为一名对企业发展有贡献的员工。这样才能更好地促进个人的成长，同时获得企业的重视和培养。

课后拓展

（1）新开业的4S店与经营多年的老4S店相比，在对实习生的补充、培养和使用方面，有什么不同？

_____

_____

（2）结合案例进行分析，并进行总结。

案例：

黄同学在参加企业招聘的时候遇到了两种情况：

第一种情况：A企业同时确认录用黄同学和另外三个各方面能力都比他强的学生；

第二种情况：B企业只确认录用黄同学一人。

面对着两个机会，黄同学有点犹豫，不知应该选择哪一家企业。

请分析案例中，黄同学去A企业和B企业，对自己今后的职业发展各有哪些有利或不利的方面。

_____

_____

 实践任务六

通过本项目的学习,我们知道如何进行分析和比较,并最终选定企业。请你结合自身实际情况,完成以下内容。

通过老师提供的案例或自己在企业网站上搜索到的信息,对两家以上的企业进行对比分析,并制作一份个人目标企业确定分析表。

个人目标企业确定分析表

步骤	思考内容	分析关键点	分析结果
1	企业的现状和发展前景	目前的运营情况是否良好,企业发展前景如何	
2	人员培养和用人机制	该企业员工的培训和晋升机制是否完善。是否存在人员流动较大、内部员工难以晋升等情况	
3	人员的储备情况	各岗位人员储备是否合理。过多的话,对自己的晋升前景有较大压力	
4	企业文化	企业的工作氛围、和谐程度和员工的满意度是否良好	

学习评价

"企业的最终选定"项目目标达成度评价表

评价内容		评 分		
项目	内容	配分（分）	得分（分）	批注
知识学习（40%）	有进行较好的预习	5		
	能叙述分析比较的四个方面	10		
	能对意向企业进行比较分析	15		
	能结合案例，进行分析和比较	10		
课堂参与（30%）	认真听讲，课堂表现良好	10		
	能参与课堂的提问、讨论，进行良好互动	10		
	能进行思考，并完成书本中的练习题	10		
实践任务（30%）	能按要求完成学习实践任务	20		
	能进行学习分享	10		
学习状态自我评价	○非常优秀　○比较优秀 ○有待改进　○急需改进	自我评价得分		
教师总体评价		总体评分		

下篇 融入与发展

从中职学生转变为社会劳动者，如何才能顺利地融入社会、融入自己工作企业的团队，并获得他人的接受和尊重，使自己能顺利地获得良好的职业发展前景，是每一位将要踏进社会的在校学生需要认真思考的问题。

本篇主要指导学生学习企业的融入、岗位实习的坚持与发展、毕业后发展方向的确定。

建议学时：10学时。

下篇/项目七 企业的融入

项目七 企业的融入

从学校到企业，同学们将面临从学生身份向社会劳动者身份的转变。工作不同于学习，陌生的工作环境与生活环境、相对复杂的人际关系等都会给刚入职者带来极大的挑战。

如何克服困难，快速融入企业，是实习生顺利开展岗位实习要闯过的第一关。

学习目标：

（1）了解岗位实习前心态调整的对策；

（2）了解实习初期经常遇到的问题与对策；

（3）了解快速融入企业的意义；

（4）了解快速融入企业的注意事项与做法。

学习课时： 4 学时。

案例情景

李同学在参加岗位实习后，发现在公司上班并不是一件容易的事情。总感觉自己能大显身手，但现实却总是无从下手，而且上班时不知道应该做什么，只是每天跟着组长干，很迷茫。

你能协助他找到走出困境的途径吗？

案例导学

到了公司之后，虽然大家对我都很好，我也比较用心地工作，但是我不知道每天工作都做了什么事，有什么进步。

能把组长交代的工作都做好，那就是每天都在进步。实习生刚开始都需要经历一段时间去学习如何工作。

 我知道，实习生刚开始很多工作做不好、做不到位，但是我想做。可总感觉公司的同事不愿意让我直接参与，好像不信任我一样。

 咱们换个位置思考，如果你是组长，你会怎么对待一名实习生？

💡 **想一想**

换位思考，需注意哪些事项？

 也是，组长不会让尚不了解的实习生去完成工作。那我应该做什么，才能让我尽快参与到大家的工作里面去呢？我不喜欢当前这种状态。

 跟着老师，一起开启学习吧。我们可以通过案例，分析实习生如何顺利融入企业，并学习以下内容。

（1）了解实习初期常见问题；

（2）快速融入集体。

任务一　了解实习初期常见问题

一　参加岗位实习前的心态

1. 准备良好的心态

前期能做好各方面准备的同学的心态表现见表7-1-1。

前期准备良好的心态表现　　　　　表7-1-1

心态表现	原　　因
向往、期待、从容、随缘	走出校门前对个人的职业生涯有清晰的认识，对汽车服务业和从业人员的各种情况有较好的了解

2. 准备不足的心态

前期没做好各方面准备的同学的心态表现见表7-1-2。

前期未准备好的心态表现　　　　　　　　　表 7-1-2

心态表现	原　因
彷徨、恐惧、烦躁、不安	走出校门前对个人的职业生涯未有良好的认识和准备，不了解汽车服务业和从业人员的各种情况

二　进入企业实习初期经常遇到的问题

刚走出校门工作的实习生，人生阅历尚浅，缺乏社会工作经验，自我控制能力不强，心理承受力差，容易受到各种因素的影响，从而使自信心产生动摇，造成心态不稳，甚至会做出轻易离职的错误决定。常见的问题有以下几个方面。

1. 对企业的管理做法不适应

具体表现见表 7-1-3。

对企业的管理做法不适应的表现　　　　　　表 7-1-3

四个方面		具体表现
（1）	对企业的员工守则认识不够	为了提高企业的服务质量和经营效率，现代企业的管理模式已进入精细化的规范管理，企业员工必须严格按照各项工作守则进行工作，否则就会被淘汰，这已成为企业员工的基本职业操守。而学生在学校违反纪律时都以教育劝诫为主，对"严格遵守规则"的严肃性认识不深，到企业后处处受制，会感到不适应
（2）	对企业的职场礼仪认知不够	中国是礼仪之邦，现代服务业对从业人员的基本素质，特别是基本礼仪要求越来越高，因为职场礼仪体现了企业的规格和文化，关系企业的服务水平。而学生在校学习时对礼仪的学习往往不重视，到企业后容易因失礼而犯错。有时候在工作中由于一个身体动作或一句话语的失礼就会造成很严重的后果
（3）	对企业的管理制度执行不严	在学校学习过程中，学生对"执行力"的理解不深，没有培养良好的执行意识，导致执行力较弱，到企业后难以适应，容易因不能严格按照企业的要求来完成工作而被处罚
（4）	对自己的工作内容认知不够清晰	实习生刚到企业初期，由于对企业的做法了解不够清晰，沟通能力又不强，在车间班组或办公室常常因工作内容不清晰而不知所措，从而被人误解

2. 对自己的定位不够清晰

初入职场没多久就开始抱怨，总觉得单位对自己重视不够，总是干着简单又重复的工作，便自以为是，做出种种不当之举。

例如，有些学生刚到企业后，被安排到洗车岗位。有的干一个月甚至更长时间，而有些人干了几天就被转到其他岗位，未被转岗的学生就容易坚持不了而离职。其实这种情况一般有两种原因。

（1）企业确实急需洗车工。这种情况很少。

（2）企业有意观察和考验新人，要找到适合企业的、有培养潜质的人。这种情况是主流。

3. 在工作中急于表现自己

一些实习生（毕业生）往往会急于展现自己的才能和实力，盼望尽快得到他人的认可，因而表现得过于张扬，显得锋芒毕露，甚至有点自大。这样做的后果，只会适得其反，极易被否定。

4. 易受误导，定力不够

单位的员工在职业道德方面参差不齐，个别老员工相对消极，负面情绪多。新员工刚到岗工作，如果碰到消极怠工的老员工，可能会受到这类员工言行上的误导，从而难以稳定心态，在人生观和价值观上出错，做出错误的言行，要么被企业淘汰，要么自己淘汰自己。

三 实习生常遇到的不理想情况

1. 实习生常见困难分析

（1）实习企业的工作环境不理想。

> 同学们开展讨论，将工作环境中可能存在的困难记录在空格处：

（2）实习企业的生活环境不理想。

> 同学们开展讨论，将生活环境中可能存在的困难记录在空格处：

（3）人与人之间的关系不理想。

　　同学们开展讨论，将人际关系处理可能存在的困难记录在空格处：

（4）对企业文化不了解或不理解。

　　同学们开展讨论，将如何去了解和认同企业文化的办法记录在空格处：

2. 案例分析

1）案例一

　　某中职学校有这样一个汽车运用与维修专业的班级，同学们在班主任的引导下，在第一学年内就经常开展对汽车文化认识的各种主题班级活动，并结合所学相关汽车专业的基础知识，通过举办汽车模型制作、参观维修服务企业等活动，对汽车和汽车维修产生了浓厚的兴趣，并对汽车行业的整体情况和所学专业基础知识的重要性有了一定的认识。同时，通过举行班级内职业生涯规划演讲比赛活动，同学们对自己未来的职业方向和发展有了初步的预想。第二学年，在学习专业知识和实操技能的同时，同学们举行了多种职业素养提升的拓展活动，包括沟通表达能力、团队合作能力、服从力和执行力的锻炼，以及有关应聘面试的技能训练等，并邀请在行业内工作的优秀毕业生回校进行座谈沟通。

　　通过两学年的学习和锻炼，该班的同学对所学的专业保持较浓的兴趣，对参加汽车服务业的岗位实习充满了期待和信心。

　　在后来学校举办的企业招聘会中，该班的同学都顺利找到了合适的实习岗位，并很快地融入企业里，受到同事们的欢迎和认可。

2）案例二

　　某中职学校有一位学习汽车整车与配件营销专业的陈同学，她的学习能力和活动能力都不错，样貌和身体条件也较好，同时也是学校一名比较有影响力的学生干部，但其个性比较突出，好胜心强。陈同学在校学习时就强烈期望当一名优秀的汽车销售人员。后来在学校的推荐下，她顺利地进入一家中端品牌的汽车 4S 店，成为一名汽车销售助理岗位的实习生。刚开始时她对工作充满激情，时刻都争着向客户推销新车，自我感觉很棒。但没过多久，她就发现她的师傅和同事们对她的态度越来越冷淡，没了刚进企业时的那种关爱和热情。她开始感到彷徨不安，觉得自己受到委屈但又不知如何解脱，心理压力越来越大，那种工作激情也慢慢消失了，感到很难融入这个团队里面。不久，她就无奈地离开了这家企业。

3）案例点评

以上两个案例是汽车服务类中职生在参加岗位实习过程中经常出现的情况。同学们应该像第一个案例中那个班的同学那样，在有限的学习时期内，通过不断地学习各方面知识，努力提高个人的综合能力（包括企业对从业人员要求具备的基本职业素养和职业能力，特别是沟通能力、团队合作能力、执行力和服从力等），从而为以后到企业参加岗位实习时能顺利地融入团队打下良好的基础。

行家观点

顺境和逆境，都能出人才。关键需要调整好心态。

思政小课堂

个人在成长过程中，特别是实习生在实习过程中，遇到挫折在所难免，此时需要有良好的能力来应对这一困境，即要有抗挫能力。抗挫能力是我们一生都非常重要的能力。当面临逆境时，我们应努力适应，采用合适的方法来快速缓解压力、情绪，并及时平复情绪。

课后拓展

请了解一下,目前企业的管理人员和师傅是怎样看待中职实习生的?

_____

_____

任务二 快速融入集体

一 快速融入集体的意义

实习是我们迈向职场的第一步。如果能在实习中快速融入集体,不但能为以后正式工作积累经验,为自己建立一个良好的人际关系打下基础,而且也能为自己的职业发展创造更多的机会。优秀学生从学校走入企业,会有明显的变化,如图 7-2-1 所示。

a) 汽商专业在校生　　　　b) 融入企业后的工作状态

图 7-2-1

c) 汽修专业在校生　　　　　　d) 融入企业后的工作状态

图 7-2-1　学生在校和融入企业后的状态对比

二　合格实习生的标准

1. 认识企业认可的合格实习生要素

企业认可有三个要点，实习生应结合这些要点，提高自身素养，为更好地实习和融入做好准备。具体见表 7-2-1。

企业普遍认可的实习生应具备的要素　　　　表 7-2-1

企业普遍认可的三个要点		
（1）对汽车行业和专业喜欢的人	（2）情商高（性格开朗、能沟通）的人	（3）对自己的工作和职业发展有目标、有规划的人

2. 理解学徒的主要工作任务

实习生应尽快理解学徒的主要工作任务，主动积极地完成本职工作。

3. 成为一名被认可的实习生

实习生应快速融入企业，成为一名被企业领导、师傅和其他同事都喜欢的新员工。

三　如何快速融入集体

中职学生在进入企业开始岗位实习后，将面临种种新事物、新问题，尤其是新团队里人与人如何相处的问题。每个同学的学习能力、适应新环境能力以及心理预期等都不尽相同。如何能顺利地融入集体，适应新的工作环境，并在新环境下协调好工作、学习以及与同事的人际关系，很大程度上取决于同学们对自己职业规划的认识和对各种职业能力的掌握程度，以及对岗位实习是否已经做好心理上的准备。

1. 提前了解企业文化

在实习之前，学习并理解企业文化的内涵及其对企业的重要意义，对实习生能否快速融入企业起着很大的作用，如图7-2-2所示。因为，作为企业的一员，能将企业文化内化于心，并自觉主动地去理解企业文化、认可企业文化并成为企业文化的执行者和传播者，才能尽快适应新环境，迅速被企业认可，被其他成员所接受。

图7-2-2　企业文化墙

2. 做好上岗前的准备

在前往企业参加岗位实习前，按表7-2-2所示，充分做好准备，避免第一天报到就出现错误，一方面可以给企业留下良好的印象，另一方面也可以让自己有个美好的开始。

实习生上岗前的注意事项　　　　　　　　　　　　　表7-2-2

上岗前	（1）了解上岗条件，带好所需证件和物件
	（2）了解企业交通位置，安全准时到位
	（3）礼貌地与相关负责人接洽
	（4）如有问题即与相关负责老师联系

3. 规范好上岗后的言行

在企业开始实习后，按表7-2-3所示，持之以恒地做好相关事项，规范自己的言行，尽快得到领导、师傅和其他同事的认可。

实习生上岗后的注意事项　　　　　　表 7-2-3

上岗后	（1）精神有礼，与人为善
	（2）服从安排，遵守纪律
	（3）规范工作，认真负责
	（4）安全生产，自我保护

4. 平时工作时顺利融入集体的关键做法

进入企业后，如何能够顺利地融入集体，同学们可以从下面几方面去探讨，并将讨论结果记录下来。

（1）如何让别人接受你。

礼貌 可理解为：_____。

谦虚 可理解为：_____。

主动 可理解为：_____。

服从 可理解为：_____。

（2）实习生在企业的正确做法。

早到 可理解为：_____。

迟走 可理解为：_____。

踏实 可理解为：_____。

肯干 可理解为：_____。

（3）尽快了解、熟悉企业文化。

理解 可理解为：_____。

认可 可理解为：_____。

执行 可理解为：_____。

传播 可理解为：_____。

行家观点

社会的发展需要全面发展的综合型人才，即具备完善的知识结构、较强的逻辑思维能力和良好的感知力的复合型人才。

下篇 / 项目七　企业的融入

> **思政小课堂**
>
> 　　当个人融入集体时，必须具备良好的团结协作意识。因为在日常工作、学习和生活中，集体内的成员只有相互支持、互相配合，围绕工作大局分工合作，并在工作中尊重他人、积极主动协同工作，才能推动集体向前发展，形成良好的工作氛围，促进集体内个体保持愉悦。

  课后拓展

（1）请观察图7-2-3，结合个人应具备的各项能力，在右侧的方框内写出你的理解。

图7-2-3　个人应具备的各项能力

你的理解：

（2）在进入企业实习初期时，在以下方面，你认为企业怎么做才合适？
①怎样对待你？

②企业给予你什么？

实践任务七

通过本项目的学习,我们学会了在进入新企业时,如何才能迅速了解企业、快速融入企业。请你结合自身实际情况完成"如何开始第一天工作应对表"。

如何开始第一天工作应对表

序号	场 景	关 键 点	应对策略
1	第一天报到 背景: 企业要求当天上午10点到公司行政部,找人事主管报到。	以什么形象出现?	
2		什么时候报到?	
3		到什么地点?	
4		怎样联系企业相关人员?	
5		沟通话术应如何?	
6	如何与企业领导、师傅和同事作第一次沟通?	如何打开话题等?注意沟通的语速、音量	
7	如何给企业和同事一个好的第一印象?	自己能做好哪些事情?	
8	如何开始第一个工作内容	第一件事情如何开始?	
9	如何开始第一天的工作	到达岗位,如何开始工作?	
10	如何结束第一天的工作	何时结束?怎么结束?	

下篇 / 项目七　企业的融入

学习评价

"企业的融入"项目目标达成度评价表

评价内容		评　　分		
项目	内容	配分（分）	得分（分）	批注
知识学习（40%）	有进行较好的预习	5		
	能列点叙述进入企业容易遇到的问题	10		
	能叙述快速融入企业的意义	10		
	能简要叙述融入企业应该进行的准备和做法	15		
课堂参与（30%）	认真听讲，课堂表现良好	10		
	能参与课堂的提问、讨论，进行良好互动	10		
	能进行思考，并完成书本中的练习题	10		
实践任务（30%）	能按要求完成学习实践任务	20		
	能进行学习分享	10		
学习状态自我评价	○非常优秀　○比较优秀　○有待改进　○急需改进	自我评价得分		
教师总体评价		总体评分		

项目八 岗位实习的坚持与发展

中职生在实习期大多是进入一线岗位实习，前期主要是完成简单重复的工作。由于工作与学习有着极大的差别而带来的不适应，以及社会上各种因素的影响，实习生的心态很容易出现波动，当遇到困难或不如意时容易放弃，离开实习企业。

想要在岗位实习中坚持下来，并获得持续发展，需要实习生清楚理解参加岗位实习的目的和意义，树立正确的就业观。

学习目标：

（1）了解实习期各阶段的心理表现和常见的离职原因；

（2）了解树立正确的就业观和人生观；

（3）了解实习期应体现的态度和做好的准备；

（4）知道实习期遇到困惑时的应对策略。

学习课时： 4学时。

 案例情景

李同学参加实习工作三个月后，基本能完成师傅交代的各项工作任务。他自己也认为做得不错，可以胜任这份工作。随着时间的推移，每天工作总感觉是在重复。在自己越来越从容地完成这些重复的工作任务后，他开始变得烦躁起来，心想难道工作就是这样子？而且身边同事时不时离职，对他影响也很大。

你认为李同学遇到什么困难了？如果你是李同学，通过哪些途径可以找到解决上述问题的答案？

下篇 / 项目八　岗位实习的坚持与发展

案例导学

现在我已经能独立工作了。组里面很多任务，组长都会安排我独立完成，说明我能力还是不错的。但每天干的活都是重复的，有点枯燥。

这说明你的进步还是很大的，继续加油。工作表面看起来都是在重复，实际上每天都不一样，车况不同、车主不同，最终的解决思路也不一样。

话是这么说，但感觉却不是这样子的，每天都面对这些，感觉挺无聊的。我们车间的实习生离职了好几个，都说学不到东西。

大部分的日常工作，看起来确实是在重复。但正如我前面说到的，同样的工作任务，由于车不同，还是有许多的细微差别，并不是简单的重复。而且目前实习生只是在完成组长安排的任务，大部分都是拆装工作，还没到故障分析诊断的能力层级呢。

有道理，我还是努力学习，尽快掌握这些能力。到时工资也高一些。

加油！提醒一点，实习期拿的不是工资，是实习津贴。

💡 想一想

为何实习期只有实习津贴呢？

跟着老师，一起开始学习吧。让我们一起了解实习过程中的典型案例，同时学习以下内容。

（1）实习期离职原因分析；

（2）实习时期的持续发展。

123

任务一　实习期离职原因分析

一　中职生在实习过程中各阶段常见的心理表现

（1）刚进企业时的**新鲜感**。
（2）开始实习工作初期的**激动感**。
（3）各项工作不懂时的**彷徨感**。
（4）各种基本技能不断学成时的**激情感**。
（5）每日做重复简单工作时的**厌恶感**。
（6）长时间不能参加复杂、有难度的工作时的**失落感**。
（7）不能调到心仪工作岗位时的**失意感**。
（8）与同学比较发现自己的待遇偏低时的**不平衡感**。
（9）对所工作的企业、从事的实习工作及发展前景失去信心后的**离去感**。
（10）很难找到或找到新的工作后，感觉比原来单位更差时的**后悔感**。

二　中职生在实习过程中常见的离职原因

　　中职生在学校接受中等职业教育的过程中，受到学校、家庭和社会的各种因素影响，也受他们自身生理和心理因素上的制约，对自己未来的职业生涯发展存在着不同的理解和取向。部分同学在岗位实习过程中不能适应企业的工作要求，最终不是被淘汰就是自行退出，无法顺利完成实习工作。
　　学习汽车服务类专业的中职学生在实习过程中难以坚持而离职的常见原因见表8-1-1。

实习生离职的常见原因分析表　　　　　　　　表 8-1-1

序号	常见原因	原因解释	案例导入与分析
1	对参加实习的目的和意义没有正确的认识	岗位实习的目的是增加学生的社会实践机会，利用社会教育资源提高学生综合职业能力，使其尽快适应社会，为将来正式就业、融入社会打下坚实的基础。岗位实习既不是在学校的教学实习，也不是毕业生就业，而是职业学校教学计划中的重要组成部分，是学校根据专业培养目标，有目的、有管理地推荐学生或学生自主择业到专业对口的企业进行实习的过程。学生如在企业顺利完成实习，将获得相应的实习学分，顺利毕业。如果学生对此没有正确的认识，就容易出现各种各样的问题，难以坚持实习，严重的将不能顺利毕业	(二维码)
2	对自己在实习期的身份不明确	中职生在第三学年参加岗位实习仍然是学校教学计划内的学习时段。他们是要在正常完成岗位实习之后，获取相应的学分才能顺利毕业。部分学生未能正确认识到自己在企业岗位实习期间所具有的双重身份，即："既是学校的学生又是企业的实习员工，既要服从学校的监管又要服从实习单位的管理。"如对这种身份不明确的话，会容易出现各种各样的问题，使学生难以坚持并造成不良的后果	(二维码)
3	对中职学生身份向社会劳动者角色的转换准备不足	中职生在学校的学习过程中是按学校的教学管理模式进行学习和生活的。学生如果违规，老师主要以批评教育为主。而中职实习生在岗位实习期内，接受的是实习单位企业规章制度的管理。部分实习生由于没有意识到应向企业员工的角色转换，以致在实习中较难进入正常工作状态，容易出现各种各样的错误而导致无法坚持实习	(二维码)
4	对自己在实习期的定位认知不正确	中职生在第三学年到专业对口的单位进行实习，从学校走向社会，人生的职业生涯才刚刚开始，职业能力和社会经验也才开始积累。部分中职实习生对自己的职业生涯没有做好基本的规划，对自己在实习期的定位没有正确的认知。有的觉得自己很了不起，好高骛远，对自己期望过高；有的觉得自己什么都不行，对实习充满畏惧。这两种情况对实习生能否坚持实习都会产生不良的影响，结果往往不是被淘汰就是自行离职	(二维码)

续上表

序号	常见原因	原因解释	案例导入与分析
5	对行业和岗位的认知不足	部分学生在学校学习过程中，对汽车服务行业的了解不足，特别是对自己所学的专业所对应的工作岗位不清楚，对岗位的工作人员应具备的职业能力和专业技能的要求不清楚，尤其在学校学习过程中未能做好相应的心理上、生理上、专业技能上、职业能力上的准备，以致对自己的职业发展方向未能做好基本的规划。在这样的情况下，学生在参加岗位实习前对自己适合到什么企业、做什么岗位、自己的优势和劣势在哪等，都没有清晰的认识。在选择用人单位和面试时茫然不知所措，甚至是随便选个单位去实习。这些都会很容易发生实习生在单位实习一段时间后，自己觉得不适合而难以坚持下去，或者是实习单位认为实习生不适合留用将其辞退的现象	
6	存在互相攀比的心理	由于中职生的生活阅历较浅，易受社会上各种诱惑的影响，过于计较实习待遇和工作条件，存在相互攀比的心理。实习生常常分布在许多不同的地区和单位，各地区和单位存在经营环境的不同和生活水平有差异，所以工作条件和实习待遇都会有所差别。在互相比较的过程中，一些工作条件稍差、劳动强度稍大，或实习待遇相对低的实习生容易出现心理不平衡，心态浮躁的现象，从而影响实习生的正常实习工作，甚至导致不能坚持实习而离开实习单位	
7	自尊心过强、承受挫折能力太弱	由于中职生的社会阅历和工作经验十分欠缺，刚到实习单位工作时难免会犯错，不可避免地会受到师傅和领导的批评。一些学生由于从小到大在家里或学校中从来没被人严肃批评或责难过，自尊心很强。当他们在企业实习中因犯错或不会干而受到师傅或领导的批评或责难时，由于自尊心过强，承受不了挫折而难以坚持实习，最终离开实习单位	

续上表

序号	常见原因	原因解释	案例导入与分析
8	规范操作能力不足，缺乏安全意识	中职生在汽车类职业学校都有机会学习汽车专业知识及基本操作技能。但部分学生由于学习能力不强，在学校未能学好相关专业的知识和技能，缺乏安全意识，对违规操作所带来的危害没有足够的认识。到实习单位进行工作时，由于企业的工作环境比学校的实训场地复杂，工作现场中在修车辆的移位和维修设备的运作比较频繁，部分实习生由于规范操作能力不足，安全意识淡薄，在实习中很容易发生损坏物件甚至身体受伤的事故，导致实习难以持续下去	
9	自以为是，缺乏沟通和团队精神	现代企业的运营需要团队的整体合作，才能高质高效地完成任务。而部分学生因为习惯了任何事都先考虑自己的得失，自以为是，缺乏与人沟通的能力和团队精神，从而在实习过程中往往习惯于独来独往，碰到问题也不与人沟通，容易造成在企业实习时难以融入集体，错过很多被大家关怀和帮助的机会，甚至导致人际关系紧张，最终因难以坚持实习而离开，不能顺利完成实习任务	
10	不能吃苦，存在依赖心理	中职生在实习期普遍不满十八周岁，部分学生因家境不错，生活条件较好，从小到大过惯了舒适随意的日子，缺乏吃苦耐劳的精神，在实习期嫌工作环境不好、管理严格、工作累、待遇低而难以安心工作。有些学生的独立生活能力较差，不能独自克服在外地工作时生活上遇到的困难。另外，部分家长过于溺爱自己的孩子，认为孩子年龄还小，不想让其过早参加工作，从而造成学生对家庭的依赖性比较大，对参加实习工作的欲望不高，在实习中稍有困难或不顺心就轻易放弃	

行家观点

调整心态，谦虚向学。在前人的经验基础上学习，可以少走弯路。

> **思政小课堂**
>
> 工作过程中，凡事都会有两面性。在工作过程中遇到问题时，我们需要在寻找原因的同时，学会反思和改进。即通过自省，用良好的意识来省察自己的言行，总结过去、规划未来，并以积极的、愉快的、建设性的思想影响接下来的言行，从而稳定并加速自身的职业成长。

课后拓展

在实习过程中遇到困惑时，应该如何排忧解难？能否简单地和身边离职的实习生沟通？

_____

_____

任务二　实现实习期的持续发展

 面对问题做好改善

中职生成长案例（技能岗位）　　中职生成长案例（服务岗位）

在任务一实习期离职原因分析中，列举的导致中职生在实习阶段难以坚持的10个方面的问题。同学们在学校学习的过程中，应该对照相应的问题和不足进行改善，不断加强自己的综合能力和基本素质，树立正确的就业观和人生观，才能够更好地坚持并完成岗位实习，为自己的职业发展打下良好的基础。

对照表8-2-1中的问题和不足，请检查自己存在的问题，并谈谈自己将如何改善。

中职生实习期问题对照与反思表　　　　　　表 8-2-1

中职生在实习期体现的问题和不足	对存在的问题和不足你将如何改善
对参加实习的目的和意义没有正确的认识	答：
对自己在实习期的身份不明确	答：
从对中职学生身份向社会劳动者角色的转换准备不足	答：
对自己在实习期的定位认知不正确	答：
对行业和岗位的认知不足	答：
存在互相攀比的心理	答：
自尊心过强、承受挫折能力太弱	答：
规范操作能力不足，缺乏安全意识	答：
自以为是，缺乏沟通和团队精神	答：
不能吃苦，存在依赖心理	答：

二　低调务实的工作态度赢得信赖

素质与能力是企业选聘人才的先决条件，企业会用各种方式去考察和挑选合适的人，其中最看重的是实习生的态度。实习生展示自我时一定要有"度"，把姿态放低点，把眼光放长点，吃苦耐劳，踏实肯干，才能树立良好口碑，赢得企业管理者和师傅的好感与信任，为自己的职业发展打下良好的基础。

三　为持续工作做好心理准备和能力准备

1. 要有长时间磨炼、积累的心理准备

人的职业生涯发展是一个长期积累、沉淀、提升的过程，对于从事汽车服务业的从业人员来说，要获得成功并成为行业的精英，是要经过长时间磨炼和积累后才能达到。

2. 要有进取心和竞争意识

现代社会是一个不断发展、充满竞争的社会。汽车科技日新月异，汽车维

修技术不断发展,客户服务标准不断提高。要想你的职业生涯顺利地获得成功,使自己处在不败之地,必须时刻保持进取心和竞争意识,要做到"人无我有、人有我精、人慢我快、人倦我争",在工作中尽力做到高质、高效。

3. 要有不断自我提高的学习能力

在学校学习过程中,老师所教授给学生的汽车专业知识是当时或之前的汽车技术,由于汽车科技的快速发展,车型和技术的更新周期越来越短,另外,汽车销售和售后服务技能和要求也不断提高,同学们参加工作后都会接触到未学过的新技术、新知识。要想快速学到新知识、掌握新技术、提高自己的就业竞争力,如果没有良好的自学能力,就很难满足工作的需要,容易被企业淘汰。

四 提前准备并充分考虑实习期可能遇到的问题

实习生在实习期往往会遇到很多困难和苦恼,同学们在校期间,可以提前考虑以下列举的问题为实习做好准备。

(1)你正处在什么的阶段,定位如何?

你的理解是:_____。

(2)你了解企业的用人方式吗?

你的理解是:_____。

(3)你认为各方面的能力和表现达标吗?

你的理解是:_____。

(4)你为单位创造了多少效益?

你的理解是:_____。

实习期遇到的困难会很多,调整好心态,保持学习很关键。

行家观点

> **思政小课堂**
>
> **积极主动**是员工实现职业持续发展的助推器。在日常平凡的工作过程中，我们可以选择积极向上的态度，积极、乐观地参与到工作、学习和生活中，主动作为，收获愉悦，这也是追求成功的人所必须具有的人生态度。

课后拓展

（1）在学校应如何提高自己的综合能力？

①如何培养自己对汽车的兴趣？

②如何提高学习汽车专业知识的兴趣？

③如何提高自己的学习能力？

④如何提高自己的沟通表达能力？

⑤如何提高自己的规范操作能力？

⑥如何为将来提升自己的学历做好准备？

（2）在实习工作中，遇到以下情况怎么办？

①到企业后发现同部门或同车间班组有员工是本校毕业生时，怎么办？

②到企业后发现同部门或同车间班组的员工是其他学校的毕业生时，怎么办？

③工作中遇到师傅的维修方式与学校的规范不同时，怎么办？

④工作中遇到学徒的维修方式与学校学的规范不同时，怎么办？

⑤当组长或师傅叫你干某项工作，而你又不会干的时候，怎么办？

⑥工作中遇到不明白的问题时，应该先问中工还是组长？

⑦主管（同组中工）叫你干活时，经理（组长）又叫你干别的事情时，怎么办？

⑧在工作中觉得别的班组师傅好，想去那个班组工作时，怎么办？

⑨在一个组别干了一段时间后，你觉得不满意或不合适想换组别时，怎么办？

⑩在工作中有抱怨时（A. 只叫我去做，别人却不用做；B. 别人不用加班，我却要；C. 别人有钱发，我却没有），怎么办？

⑪部门或班组师傅要离开本企业到别的企业工作时，叫你跟他一起走，怎么办？

⑫部门或车间主管要离开本企业到别的企业工作时，叫你跟他一起走，怎么办？

⑬在工作中同事经常在你面前说公司或某领导的负面信息时，怎么办？

⑭在工作中发现同事有违反企业规章制度行为时，怎么办？要你一起做时，怎么办？

（3）遇到以下突发事件时，应怎么应对？

①在企业内或工作中身体受伤时，怎么办？

②在企业外非工作中遇到危险或身体受伤时，怎么办？

③被企业突然开除时，怎么办？

（4）在实习期内如何达到学校的要求而顺利毕业？

①是否要主动与学校老师保持联系？

②可用哪几种方式进行联系？

③联系的周期多长较为合适？

④在实习期写实习日记或周记的目的和意义是什么？

⑤每周写一篇实习周记合适吗？

⑥在实习期遇到自己难以解决的问题而想离开实习单位之前，先与什么老师联系较为合适？

⑦在学校同意转换实习单位后，实习生应先拿到什么证明材料才适合找老师办理转换实习单位手续？

⑧拿到毕业证后，是否要与实习单位领导进行沟通？沟通的目的是什么？

实践任务八

通过本项目的学习，我们对从事汽车售后服务岗位的状况有了深入的了解，也了解如何持续的发展。请你阅读案例，对案例进行分析，结合自己的情况写下分析结论。

案例：

有一位学汽车运用与维修专业的同学，在实习期开始的时候自主择业去了一家汽车综合维修厂实习，但没干两个月就离开了，并找到另一个单位实习。在回学校办理转单位实习手续时，老师发现其入职证明写的是某某商品贸易公司，就问这位同学他从事的是什么岗位，该同学说是从事食品的配送业务。老师跟他说这种工作与他在校所学的专业不对口，实习期不应该做这种工作，并进一步追问他选择这个工作是什么原因。他说他觉得干这种工作不错，也是正规单位，既能锻炼自己又能挣到比在维修企业多一点的钱，他家人也同意他干这个工作，认为这样他能养活他自己。该同学对老师不同意自己转单位的意见非常不满。

老师觉得这位同学既有自己的问题，也有其家长的问题。一方面说明学生本人对实习目的和自己职业发展没有正确的认识，另一方面也反映了家长对中职生实习阶段的目的和意义不清楚，以为学生出来实习工作了，随便找什么工作都无所谓，只要能挣到钱养活自己，不用家里给钱就可以了。后来，老师分别跟这位同学和他的家长做了详细的解释和分析，使他们清楚认识到中职生参加岗位实习的目的和意义。这位同学后来又另外找到对口的汽车服务岗位进行实习。

（1）你认为案例中的同学的做法哪里不合适？

_____

_____

（2）专业对口岗位实习的目的和意义有哪些？对职业发展有哪些影响？

_____

_____

学习评价

"岗位实习的坚持与发展"项目目标达成度评价表

评价内容		评　分		
项目	内容	配分（分）	得分（分）	批注
知识学习（40%）	有进行较好的预习	5		
	能叙述正确的就业观和人生观	10		
	能写出实习期应体现的态度和做好的准备	10		
	能简要叙述实习期遇到困惑时的对策	15		
课堂参与（30%）	认真听讲，课堂表现良好	10		
	能参与课堂的提问、讨论，进行良好互动	10		
	能进行思考，并完成书本中的练习题	10		
实践任务（30%）	能按要求完成学习实践任务	20		
	能进行学习分享	10		
学习状态自我评价	○非常优秀　○比较优秀 ○有待改进　○急需改进	自我评价得分		
教师总体评价		总体评分		

下篇 / 项目九　毕业后发展方向的确定

项目九

毕业后发展方向的确定

中职学生在参加岗位实习并顺利毕业后，往往会遇到如何选择未来发展方向的困惑，是继续在本公司工作，还是选择到别的公司、甚至是去其他行业工作。因此必须充分分析并做出合适而正确的决定，才能为个人的职业发展走好第一步。

学习目标：

（1）了解影响个人职业生涯发展的因素；

（2）明晰个人的职业价值观；

（3）能进行毕业后职业生涯发展方向的决策。

学习课时： 2学时。

案例情景

李同学即将毕业，公司希望能和他签订劳动合同，为公司的发展贡献力量。而身边有朋友希望他能到另外一家公司一起发展。家里希望他能离家近一些，多少有些照应。他很为难，不知如何抉择。

如果你是李同学，你认为此时应如何抉择呢？

案例导学

　毕业居然没有想象中那么快乐，我都不知道该如何选择了！

　毕业就意味着路要自己走了，多了一份选择自由度，不好吗？

　我不知何去何从，工作本来做得好好的，临近毕业家里也提要求、朋友也提建议，我自己又很喜欢现在的这家公司。

135

既然如此，就应当做好个人发展取向的分析，避免走弯路而浪费青春。

那我应该如何进行个人发展取向的分析？有没有参考模板？

每个人的情况不一样，别人的路不一定适合你，跟着课程来一起学习相关的方法吧。

> 💡 **想一想**
>
> 为什么别人的路不一定适合自己？

跟着老师，一起开启学习吧。我们可以通过分析相关案例，学习以下内容。

（1）个人职业生涯发展影响因素的分析；
（2）树立正确的职业观；
（3）确定职业生涯发展方向。

任务一　个人职业生涯发展影响因素的分析

一　个人因素

影响个人职业生涯发展的因素主要有：个人因素、家庭因素以及社会因素。其中，个人因素的要素如图 9-1-1 所示。

图 9-1-1　影响职业发展的个人因素

1. 探索个人的职业性格

1）不同的职业性格

人的性格千差万别，或热情外向、或羞怯内向、或沉着冷静、或火爆急躁。职业心理学的研究表明，不同的职业有不同的性格要求。虽然每个人的性格都不能百分之百地适合某项职业，但却可以根据自己的职业倾向来培养，发展相应的职业性格。不同性格特征的人员，对企业而言，决定了每个员工的工作岗位和工作业绩；对个人而言，决定着自己的事业能否成功。

2）性格对职业选择的影响

性格对职业选择有直接的影响，一个人的性格特征决定着主观择业的方向。一般说来，内倾性明显，反应慢但具有沉稳性的人，大多适宜选择清静、独立完成的工作。具有较强外倾性和可塑性的人，更愿意选择能体现出明显工作效率的工作。有的人选择的职业与性格特点不相适应，工作起来使不上劲，缺乏朝气；有的人选择的职业与性格特点相适应，工作起来劲头足，热情高而持久，且能够适应比较艰苦的工作。做事一丝不苟、认真负责的人适宜选择要求严格的职业或工程。而性格多变者，容易在职业选择上出现"朝秦暮楚"的倾向，从而一事无成。

2. 聚焦个人职业兴趣

美国著名的职业指导专家约翰·霍兰德提出了具有广泛社会影响的职业兴趣理论。他认为人的人格类型、兴趣与职业密切相关，兴趣是人们活动的巨大动力，凡是具有职业兴趣的职业，都可以提高人们的积极性，促使人们积极地、愉快地从事该职业，而且职业兴趣与人格之间存在很高的相关性。霍兰德认为，个人职业兴趣特性与职业之间应有一种内在的对应关系。

职业兴趣是职业选择中最重要的因素之一，是一种强大的精神力量。

3. 了解技能与职业的关系

技能是个人职业选择和职业成功的基础，属于包含关系。

职业生涯中，职业成功不仅与人的个人特点、知识技能、工作态度、物质条件、健康状况、人际关系等因素有关，而且与一个人的职业能力密切相关。不同的职业选择对人的技能发展的影响也是十分明显的。一个人的职业能力不同于他的专业知识，也不同于专业技能。人的技能差别是客观存在的，这种差别制约着人们活动的领域与职业选择的范围。因此，同学们要能识别你的能力倾向，确认你的技能优势。

4. 理解职业价值观

每种职业都有各自的特性，不同的人对职业意义的认识不同，对职业好坏有不同的评价和取向，这就是职业价值观。职业价值观决定了人们的职业期望，

影响着人们对职业方向和职业目标的选择，决定着人们就业后的工作态度和劳动绩效水平，从而决定了人们的职业发展情况。哪个职业好？哪个岗位适合自己？从事某一项具体工作的目的是什么？这些问题都是职业价值观的具体表现。

5. 认识职业价值观的种类划分

我国学者将职业价值观分为12类，具体见表9-1-1。

职业价值观的分类　　　　　　　　　　表9-1-1

类　　别	具　体　内　容
（1）收入与财富	工作能够明显有效地改变自己的财务状况，将薪酬作为选择工作的重要依据。工作的目的或动力主要来源于对收入和财富的追求，并以此改善生活质量，显示自己的身份和地位
（2）兴趣特长	以自己的兴趣和特长作为选择职业最重要的因素，能够扬长避短、趋利避害、择我所爱、爱我所选，可以从工作中得到乐趣、得到成就感。在很多时候，会拒绝做自己不喜欢、不擅长的工作
（3）权力地位	有较高的权力欲望，希望能够影响或控制他人，使他人照着自己的意思去行动；认为有较高的权力地位会受到他人尊重，从中可以得到较强的成就感和满足感
（4）自由独立	希望在工作中能有弹性，不想受太多的约束，可以充分掌握自己的时间和行动，自由度高，不想与太多人发生工作关系，既不想治人也不想治于人
（5）自我成长	工作能够给予受培训和锻炼的机会，使自己的经验与阅历能够在一定的时间内得以提高
（6）自我实现	工作能够提供平台和机会，使自己的专业和能力得以全面运用和施展，实现自身价值
（7）人际关系	将工作单位的人际关系看得非常重要，渴望能够在一个和谐、友好甚至被关爱的环境工作
（8）身心健康	工作能够免于危险、过度劳累，免于焦虑、紧张和恐惧，使自己的身心健康不受影响
（9）环境舒适	工作环境舒适宜人
（10）工作稳定	工作相对稳定，不必担心经常出现裁员和辞退现象，免于经常奔波找工作
（11）社会需要	能够根据组织和社会的需要响应某一号召，为集体和社会做出贡献
（12）追求新意	希望工作的内容经常变换，使工作和生活显得丰富多彩，不单调枯燥

二 家庭因素

主要是指家庭方面的各种因素对个人职业生涯的影响，如父母亲的情感意愿、家庭经济条件和社会资源对自己的职业发展是否有帮助等。

三 社会因素

影响个人职业生涯的社会环境因素主要包括：经济发展水平、社会文化环境以及行业环境。行业环境主要包括：行业现状、政策或事件对行业的影响、行业发展趋势、行业优势与危机、行业标杆企业的动向等。

四 案例分析

1. 案例导入

有一位学习汽车运用与维修专业的同学，他在学校学习期间各方面表现不错，他最大的兴趣爱好是摄影，并参加了学校的摄影社团，对摄影技术有极大的兴趣，希望以后能有更多的时间去学习和创作，并成为一名专业摄影师。

在实习期他在企业的表现非常不错，并得到企业的认可。在实习期结束并取得毕业证的时候，企业很想与他签订劳动合同，让他继续在该企业工作。但该同学在实习的过程中认识到汽车服务企业运营的情况与特点，难以达成他成为一名专业摄影师的职业目标，于是该同学选择了离开该企业并去了广告摄影的行业工作，在广告摄影行业的工作中感到非常愉悦，并通过个人的努力，很快成为一名优秀的专业摄影师。

2. 案例点评

这个案例属于个人因素（兴趣）影响到职业发展方向的制定和选择，充分体现了个人的兴趣与职业密切相关，兴趣是人们活动的巨大动力，凡是具有职业兴趣的职业，都可以提高人们的积极性，促使人们积极地、愉快地从事该职业，并获得更多成功的机会。

充分认识自己,及时调整,为自己的发展铺设路基。

行家观点

思政小课堂

作为一名技术技能型人才,我们是社会建设的主力军,也是劳动者。劳动光荣,一直都是社会的主旋律,面向新时代,我们应充分认知自己补齐短板,以良好的积极性、主动性、创造性,参与到劳动中,提升职业获得感和荣誉感。

课后拓展

对自己影响比较大的因素,是哪一类型的因素?请简要分析。

_____

_____

任务二 树立正确的职业观

一 明确自己职业价值观中的主要因素

在为自己做职业生涯规划之前,一定要清楚和明确自己的职业价值观。职业价值观决定了哪些因素是重要的,而哪些是不重要的,哪些是你优先考虑和选择的，而哪些不是。对自己的职业价值观进行分析时，可以参照表 9-2-1 中提出的价值观类型，看自己到底属于哪一种。

职业价值观分析汇总表　　　　　表 9-2-1

价值领域	内容汇总
第一： 发展因素	包括符合兴趣爱好、机会均等、公平竞争、工作有挑战性、能发挥自身才能、工作自主性大、能提供培训机会、晋升机会多、专业对口、发展空间大、出国机会多等，这些职业要素都与个人发展有关，因此称之为发展因素
第二： 保健因素	包括工资高、福利好、保险全、职业稳定、工作环境舒适、交通便捷、生活方便等，这些职业要素与福利待遇和生活有关，因此称之为保健因素
第三： 声望因素	包括单位知名度、单位规模和权力大、行政级别和社会地位高等，这些职业要素都与职业声望地位有关，因此称之为声望因素

我们可以把不同职业价值观的内容加以归纳，根据它们所体现的主要方面，来确定自己的职业价值观中主要的因素是什么。

职业价值观是一个复杂的多维度的心理因素，对职业的选择和衡量有多种要素的参与，但各要素起的作用是不同的。

二　处理好职业价值观不同要素之间的关系

在职业价值分析和测定过程中，个人必须处理好职业价值观不同要素之间的关系，并根据不同时期、不同情况明确自己的职业核心需求，以便合理制订自己的职业生涯规划和相关策略。

1. 处理好职业价值观与金钱的关系

金钱是一种成就的报酬，它是在确定职业价值观时首先要面对的问题。有些经济条件不太好的毕业生在求职时，将金钱作为首选价值观，理论上讲这并没有错。但是对于我们来说，拥有的知识、能力、经验和阅历还不足以使其一走入社会就获得大量金钱回报。怀有一夜暴富的心态是不正确的，更危险的是，容易被社会上的不法分子利用，甚至误入歧途。特别是面对严峻的就业形势，更应理性地降低对金钱的期望值，把眼光放远一些，应尽可能地将自我成长和自我实现作为在毕业求职时的首选价值观。

2. 处理好职业价值观与个人兴趣和特长的关系

职业价值观、个人兴趣和特长是人们在择业时需要考虑的最重要的三个因素。在确定价值观时，一定要考虑它是否与自己的兴趣和特长相适应。据调查，如果一个人从事自己不喜欢的工作，有80%的人难以在他选择的职业上成功；而如果选择了自己喜欢的工作则可以充分调动人的潜能，获得职业发展的源动力。此外，选择一项自己擅长的工作，也会事半功倍。

3. 处理好职业价值观的排序与取舍的问题

职业价值观的特性决定人们不会只有唯一的职业价值观，人性的本能也会驱使人们希望什么都能得到，但在现实生活中"鱼与熊掌不可兼得"。然而在职业选择中，人们却不能理性对待。既然是选择，就要付出代价，只有舍，才能得。所以，要对自己的职业价值观进行排序，找出你认为最重要、次重要的方面，并提醒自己不可能什么都得到。否则就会患得患失，不清楚自己到底想要什么，更谈不上职业生涯的成功和对社会的贡献了。

4. 处理好职业价值观中个人与社会的关系

人不能离开社会而独立存在，个人只有在工作中为社会做贡献才能实现自己的职业价值。当然我们并不是说要忽略择业中的个人因素，只去尽社会责任，这样不但不利于个人，也是社会的损失。例如，让一个富于科学创造力、不善言辞的学者去从事普通的教师工作，可能使国家损失一项重大的发明，而社会不过多了一个也许并不出色的老师。因此，我们反对只考虑个人、毫不考虑国家和社会需要的职业价值观。

5. 处理好淡泊名利与追逐名利的关系

当一个人有了名利才有资格去谈淡泊，没有名利说淡泊那叫"吃不到葡萄说葡萄酸"。名利是人的欲望使然，欲望可以使人成就大的事业，也可使人自我毁灭。以合理、合法、公正、公平的方式追名逐利在一定程度上对个人社会都会有益，但它需要一定的度，该知足时则知足，该进取时则进取。

下篇 / 项目九　毕业后发展方向的确定

正确的价值观，直接影响个人所呈现出来的特质。

行家观点

思政小课堂

　　职业荣誉感是指社会或公司对员工的职业劳动、职业道德行为等的肯定、褒奖和积极评价，个人在此基础上产生的道德情感。每个职业人都应做好自己的职业范围内的事情、认真细致追求把职业岗位事情做到近乎完美，从而得到充分的职业荣誉感和幸福感。

　课后拓展

选取一位优秀人物或毕业生，了解其个人价值观，并列点记录下来。

_____

_____

任务三　确定职业生涯发展方向

一　理解职业生涯规划的特性

1. 职业生涯规划关注的重点内容

职业规划重点关注的内容，包括打算选择什么样的行业、什么样的职业、

143

什么样的组织、想达到什么样的成就、想过一种什么样的生活以及如何通过你的学习与工作达到你的目标。

2. 职业生涯规划的核心逻辑

职业生涯规划的基本逻辑如图 9-3-1 所示。在进行职业生涯规划时，首先应充分了解和认知自己，即知己；同时，也应该对所分析的职业进行详细了解，如你所学的专业适合从事的行业、企业和岗位，并结合各种影响因素分析存在的机遇与挑战等，即知彼。在知己、知彼的基础上，才能做出合适的决策。

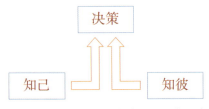

图 9-3-1　职业生涯规划的基本逻辑

3. 职业生涯规划其特性

（1）可行性：规划要有事实依据，并非是美好幻想或不着边的梦想，否则将会延误生涯良机。

（2）适时性：规划是预测未来的行动、确定将来的目标，因此各项主要活动的何时实施、何时完成，都应有时间和时序上的妥善安排，以作为检查行动的依据。

（3）适应性：规划未来的职业生涯目标，牵涉多种可变因素，因此规划应有弹性，以增加其适应性。

（4）连续性：人生每个发展阶段应能持续连贯衔接。

二　认识职业决策的基本要求

1. 制订职业决策需要结合自己的性格、特长和兴趣

职业生涯能够成功发展的核心，在于所从事的工作要求是否是自己所擅长的。如果一个人性格内向、不善与人沟通，没有很好的交际意识，那么这个人就很难成为一名成功的管理人员。制订职业规划一定要认真分析自己的优缺点。从事一项自己擅长的、并喜欢的工作，工作会很愉快，也容易脱颖而出。

2. 要考虑实际情况，并具有可执行性

很多人刚开始时雄心壮志，一心想着出人头地。实际工作有时确实会存在一定跨越，但是更多的时候却是一种积累的过程——资历的积累、经验的积累、

知识的积累，所以职业规划不能太过好高骛远，而要根据自己实际情况和社会情况，一步一个脚印，层层晋升，最终才能成就梦想。

3. 职业决策必须有可持续发展性

职业决策不能只制订一个阶段性的目标，应该是一连串的、可以贯穿自己整个职业发展生涯的远景展望。如果职业决策定的目标过短浅，后面又没有后续职业决策点支撑，将会使人丧失奋斗的热情，且不利于自己长远发展。

三 职业决策的基本原则

1. 个人职业生涯发展中比较重要的选择

（1）选择何种行业。
（2）选择行业中的哪一种工作。
（3）选择何种职业决策，以获得某一特定的工作。
（4）从数个工作机会中选择其一。
（5）选择工作地点。
（6）选择工作取向（即个人的工作作风）。
（7）选择生涯目标或系列的升迁目标。

2. 职业决策的基本原则

（1）要有明确的职业目标。
（2）职业决策需要结合自己的气质、性格、特长、兴趣和能力。
（3）要考虑到实际情况，并具有可执行性。
（4）正确面对问题，不要逃避问题。
（5）职业决策的三条底线：不要危害社会、不要危害他人、不要危害自己。
（6）向你信任的人求助。可以与你的朋友、学长、家长交流，也可以求助职业顾问。
（7）善于系统长远分析但不要只做利弊分析。在生涯发展中没有统一有效的程序，所以你要琢磨的是在职业中如何发挥你的优势，如何让你更自如。从长远来看，能促进你发挥优势，让你更加自信的都是好的决定。所以不要把自己拘泥在对个人是否有眼前利益这个方面去思考。
（8）对已经做了的决定特别是重要事项的决定，只有积极的行动才能有助于问题的解决。

四 如何快速了解一个职业

1. 快速了解一个职业的基本方法

具体方法如图 9-3-2 所示。

检索	访谈	实践
行业报告	生涯人物访谈	成为客户
知识问答	专人书面咨询	职业影随
招聘网站	参加职业协会	参与实习

图 9-3-2　了解职业的基本方式

2. 对榜样人物进行访谈

我们可以通过对行业中优秀的榜样人物进行访谈，来了解这个行业的方方面面，访谈的内容可以从以下 9 个方面开展。

（1）这个岗位的胜任需要具备哪些能力和品质？

（2）您工作日的一天是如何度过的？

（3）在您的工作中，哪些是您喜欢和不喜欢的部分？

（4）这个职业的入门有哪些专业知识和资质上的要求？

（5）这个职业有哪些晋升和发展的通道？

（6）一般来说，这个职业的不同阶段对应何种报酬区间？

（7）您对这个行业的发展现状和未来趋势如何看待？

（8）这个行业有哪些标杆企业，他们各有什么特色？

（9）您会给想从事这个职业的人有什么建议？

五 中职生毕业后对自己职业生涯发展方向的选择

中职生毕业后对自己职业生涯发展方向的选择应该遵循职业决策的原则来进行。例如：

（1）如果认为在实习期所从事的行业企业和工作岗位比较适合自己，就应继续从事该行业企业的工作，因为自己已经有一段时间的实习工作经验和人脉关系，有利于自己的不断成长。

（2）如果认为在实习期所从事的行业适合自己，但实习的企业或工作岗位不适合自己，可考虑毕业后重新更换同行业的不同企业或岗位，但是自己又成为新人，很多方面都要重新开始。

（3）如果认为在实习期所从事的行业企业和工作岗位都不适合自己，可以考虑更换行业工作，重新选择从事别的行业工作，但之前学习的专业知识和技能将用不上，需谨慎考虑。

（4）如果自己认为要继续提升自己的学历，为以后的职业生涯发展打下更好地基础，毕业后则可以考虑继续报读高职学院，提升自己的学历。

决策的正确与否，将直接影响个人职业成长的黄金时间，应重视。

行家观点

思政小课堂

在个人职业成长的全周期中，干一行、爱一行，具备良好的职业认同感非常重要。汽车服务人员，应认同并热爱汽车服务行业，对岗位的工作极为熟悉、具备创造性的业务能力、认同行业的发展前景，这不仅仅影响个人工作的成就感和事业心，更是决定着个人职业成长的高度。

课后拓展

想一想

以上四种对自己职业生涯发展方向的选择各有什么优势和劣势？

（汽车服务类专业）

 实践任务九

通过本项目的学习，结合已学过的对行业、专业、职业的系统性了解，我们对自己的职业发展规划很可能会与刚开始有所区别。请你结合自身实际情况，调整并完善后，形成一份《职业发展规划书》。

职业发展规划书

周期	项目	个人规划
短期	目标	
	应对措施	
	评估要点	
	调整方案	
中期	目标	
	应对措施	
	评估要点	
	调整方案	
远期	目标	
	应对措施	
	评估要点	
	调整方案	

学习评价

"毕业后发展方向的确定"项目目标达成度评价表

项目	内容	配分（分）	得分（分）	批注
知识学习（40%）	有进行较好的预习	5		
	能叙述职业规划目的和作用	10		
	能简要叙述个人的职业价值观	10		
	能简要分析并制作职业发展规划书	15		
课堂参与（30%）	认真听讲，课堂表现良好	10		
	能参与课堂的提问、讨论，进行良好互动	10		
	能进行思考，并完成书本中的练习题	10		
实践任务（30%）	能按要求完成学习实践任务	20		
	能进行学习分享	10		
学习状态自我评价	○非常优秀　○比较优秀 ○有待改进　○急需改进	自我评价得分		
教师总体评价		总体评分		

参考文献

[1] 杨扬,陈高路.中职生职业规划与就业指导（汽车版）[M].汕头：汕头大学出版社,2014.

[2] 蒋乃平.职业生涯规划（修订版）[M].北京：高等教育出版社,2015.

[3] 周群.职业人生与就业指导[M].北京：北京大学出版社,2007.

[4] 沈洁.霍兰德职业兴趣理论及其应用述评[J].职业教育研究,2010(7):2.

[5] 王成荣,周建波.企业文化学[M].北京：经济管理出版社,2007.

[6] 许琼林.职业素养[M].北京：清华大学出版社,2016.

[7] 乐轩.求职面试技巧[M].北京：中国社会出版社,2008.

[8] 本社.关于培育和践行社会主义核心价值观的意见[M].北京：人民出版社,2013.

[9] 吴建斌.职业人格培养论[M].浙江：浙江大学出版社,2012.